HORTENSIAS
& HYDRANGEAS

Direction de la publication
Isabelle Jeuge-Maynart

Direction éditoriale
Catherine Delprat

Édition
Laure Sérullaz et **Laurence Alvado**

Direction artistique
Emmanuel Chaspoul

Mise en page
Natacha Marmouget

Conception de la couverture
Véronique Laporte

Iconographie
Valérie Perrin

Fabrication
Annie Botrel

Photogravure
Turquoise, Émerainville

ISBN 978-2-03-583574-1

HORTENSIAS
& HYDRANGEAS

PATRICK DE SÈZE

LAROUSSE

21 RUE DU MONTPARNASSE 75283 PARIS CEDEX 06

Sommaire

Histoire des hortensias

L'hortensia est une fleur que l'on aime beaucoup, que l'on connaît et qui fait partie de nos bons souvenirs – parce qu'elle est généreuse, facile, rustique et parce que sa longue floraison changeante accompagne magnifiquement nos étés et nos automnes.

> Mais cette plante – qu'on classe facilement dans un coin de notre mémoire – a beaucoup d'atouts qui restent à découvrir. La palette de ses caractéristiques est très large : sa hauteur peut aller de 60 cm à plusieurs mètres ; les formes de ses fleurs sont parfois étonnantes ; la richesse de ses couleurs et de ses teintes ne se laisse pas facilement apprivoiser ; sa longévité se compte en dizaine d'années et sa rusticité ne demande pratiquement aucun entretien. Une bonne adaptation des caractères propres de chaque hydrangea à son futur environnement dans un jardin est la garantie de sa beauté et de son développement rapide et harmonieux.

> C'est dans cet esprit que 300 espèces, variétés et cultivars d'hydrangeas, parmi les plus beaux, sont présentés dans cet ouvrage.

Hydrangeas, Komi Chen, 1993.

Des origines anciennes

Les premiers hydrangeas ont été retrouvés sous forme de fossiles aux États-Unis, en Alaska, dans l'Orégon et en Californie, et datent de 65 à 40 millions d'années avant notre ère. D'autres, plus récents, ont été découverts en Chine. Leur implantation n'a pas varié depuis ces temps anciens puisque, aujourd'hui, on trouve des représentants du genre *Hydrangea* qui poussent à l'état sauvage dans l'est de l'Amérique du Nord, le long de la côte ouest de l'Amérique du Sud, ainsi qu'en Asie, en Chine centrale et méridionale, dans les Philippines, à Taïwan, au Japon, à Sumatra et dans l'île de Java.

Introduction en Europe

Les Chinois et les Japonais cultivaient les hydrangeas depuis des temps immémoriaux. L'Europe, en revanche, ne vit arriver le premier qu'en 1736, *Hydrangea arborescens,* importé de Pennsylvanie en Angleterre par Peter Collison.

> Grovonius fut le premier à employer le nom de genre *Hydrangea* dans sa *Flora Virginica,* en 1739 ; le célèbre botaniste Carl von Linné utilisa le nom d'espèce *Hydrangea arborescens* dans son ouvrage *Species Plantarum* paru quelques années plus tard, en 1753.

> Cependant, pour développer les connaissances botaniques sur l'hydrangea, il devint nécessaire de se tourner vers l'Asie. Or, le Japon restait hermétiquement fermé aux Occidentaux. En 1587, Toyotomi H deyoshi, régent réputé pour sa cruauté, avait interdit toute activité des missionnaires catholiques. En 1639, les exportations et les importations étaient limitées ; il était interdit aux Japonais de voyager à l'étranger. On usa donc de ruse pour se procurer les plantes tant convoitées.

> En 1775, Carl Peter Thunberg, élève de Linné, s'installa sur l'île de Dejima, dans la baie de Nagasaki, le seul contact possible avec le Japon étant, sur cette île, le comptoir commercial hollandais. Il acheta une chèvre et, sous prétexte de la nourrir, se fit apporter des plantes de la terre ferme, dont il retira cinq hydrangeas qu'il classa dans le genre *Viburnum*.

> Après lui, un médecin allemand, Philipp Franz von Siebold, réussit à pénétrer au Japon en 1823. Il se rendit populaire à Nagasaki en opérant de la cataracte dans sa clinique ophtalmologique. Ne pouvant le rémunérer, ses patients lui témoignaient leur reconnaissance par des cadeaux, dont des plantes. Chassé du Japon en 1829, il revint en Europe avec quelques hydrangeas, comme *Hydrangea involucrata*, *H. anomala* ssp. *petiolaris* (hortensia grimpant), *H. hirta*, *H. paniculata*, qu'il décrivit dans sa volumineuse *Flora Japonica* rédigée en 1840 avec Zuccarini. Il créa un jardin d'acclimatation et une pépinière d'où il diffusa, à travers l'Europe, les nombreuses plantes qu'il avait rapportées.

> En 1879, la pépinière anglaise Veitch envoya Charles Maries en Chine et au Japon. Il y découvrit deux hydrangeas, l'un à inflorescences plates, appelées aussi « bonnets de dentelle » (*lacecaps* en anglais), que l'on baptisa *Hydrangea macrophylla* 'Mariesii' du nom de son découvreur, l'autre aux inflorescences en boules, *H. macrophylla* 'Rosea'.

> Mais on doit la première monographie consacrée au genre *Hydrangea* à un botaniste russe, Carl Johann Maximowicz, envoyé par le tsar au Japon en 1860. Il constitua un herbier et rapporta plus de 400 plantes vivantes au jardin des plantes de Saint-Pétersbourg.

> Au XIXe siècle, deux passionnés de botanique, Francis Buchanan-Hamilton, médecin-chirurgien écossais, et Nathaniel Wallich, chirurgien danois, ramenèrent du Népal *Hydrangea anomala*, *H. aspera* et *H. heteromalla*.

> Les hydrangeas à feuilles persistantes n'arrivèrent en Europe qu'au début du XXe siècle.

Nom commun : hortensia

Le genre *Hydrangea* est plus connu sous le nom d'hortensia. On a longtemps cherché la raison de ce nom, qui a été donné pour la première fois par le botaniste français Philibert Commerson, en 1771.

• On attribuait ce baptême à un hommage qu'il aurait voulu rendre à l'une de ses maîtresses Hortense Barré, mais le prénom de celle-ci était en réalité Jeanne.

• Ce nom aurait pu alors être donné en l'honneur de Hortense de Nassau, fille du prince de Nassau, membre de l'expédition de Louis Antoine de Bougainville à laquelle participait Commerson, mais rien n'est moins sûr.

• Il n'a pu, en revanche, être donné en souvenir de la reine Hortense, fille de Joséphine de Beauharnais puisque, à la mort de Commerson en 1773, elle n'était pas encore née !

• Il semble, donc, que Commerson baptisa cette plante à partir du nom latin *hortus*, qui signifie « jardin », après l'avoir trouvée dans le Jardin du Roi de l'île Maurice.

Les hortensias aujourd'hui

Longtemps réservées à un public de botanistes, d'amateurs éclairés et de curieux, les nombreuses espèces et variétés d'hortensias connaissent un développement récent. La plupart sont disponibles dans le commerce – souvent, d'ailleurs, avec des erreurs d'identification. On trouve aisément *Hydrangea macrophylla*, bien sûr, mais également *H. serrata*, *H. paniculata*, *H. quercifolia* et *H. aspera*.

> La quête de nouvelles plantes continue et on découvre encore des variétés inconnues dans la nature, à l'occasion d'expéditions botaniques, en particulier au Japon et en Chine.

> Dans le même temps, les horticulteurs et obtenteurs poursuivent leur travail un peu partout, en Asie, en Amérique comme en Europe. Ils font apparaître régulièrement des cultivars qui apportent de nouvelles formes et couleurs à la palette – si variée déjà – du genre *Hydrangea*.

> La recherche d'harmonie entre boules, fleurs plates, feuilles de chêne, feuilles de velours… ouvre un spectre d'infinies variations et une vitalité nouvelle aux massifs de terre de bruyère. Les inflorescences plates, longtemps considérées comme de nouveaux hydrangeas – enfin réhabilitées –, prennent progressivement leur place dans les jardins avec l'assurance des variétés issues de la nature.

Oiseau dans les hortensias,
estampe japonaise, XIXe siècle.

La culture des hortensias

Conseils d'achat

Avant d'acheter un hortensia, il faut s'assurer que les meilleures conditions de son futur développement sont réunies.
> La plante doit être **vigoureuse** et son **feuillage sain** – ce qui veut dire qu'elle n'a pas été élevée trop vite, ni avec trop d'engrais et de traitements.
> Il est aussi essentiel de vérifier que les caractéristiques de la plante correspondent à l'**environnement** où elle va être plantée (ensoleillement, arrosage, humidité de l'air et du sol, espace, végétation environnante...).
> Enfin, il faut prévoir de l'accompagner pendant la **période d'installation** (une saison au minimum). Si vous plantez dans un lieu ou vous n'êtes pas en permanence (dans votre résidence secondaire, par exemple), assurez-vous que la plante ne manque pas d'eau pendant la première année.

Un sujet sain

Une plante qui s'adaptera bien a une structure aérienne vigoureuse et équilibrée. En hiver, on vérifiera qu'elle a bien des bourgeons (pour les variétés qui fleurissent sur le bois de l'année précédente). On regardera son système racinaire qui doit être bien développé. Ne pas hésiter à sortir la plante du pot pour contrôler ce point.

Système racinaire en chignon.

Âge de la plante

Les hydrangeas peuvent être plantés à tout âge. Leur système racinaire est compact et se développe sur environ 60 à 80 cm de diamètre et de profondeur. La **reprise d'un sujet** très développé ne posera donc pas de problème, surtout s'il s'agit d'une plante de pleine terre, dont les racines sont habituées à se frayer un chemin dans une terre un peu lourde.
> Les sujets cultivés dans une terre de bruyère ou dans un terreau léger d'horticulture auront plus de mal à s'adapter à leur nouvel environnement et demanderont plus d'attention au départ.

La plante de gauche est saine et vigoureuse : il est temps de la planter ou de la rempoter.

Harmonie des teintes douces et vives le long d'une allée.

Choix de la couleur

Dans des zones ombragées, les inflorescences **claires** ont un effet lumineux qui donne envie de s'approcher. Elles créent, de plus, une atmosphère douce et agréable. La diversité des tons pastel a tendance à s'estomper de loin pour ne laisser plus que l'impression de clarté, mais donne quand même du relief au massif.

> Les hortensias de **couleurs vives** se mettent en situation lumineuse pour donner une ambiance tonique pendant tout l'été – l'abondance des boules sous laquelle disparaît souvent le feuillage augmente encore cette impression de tache colorée. Si la teinte est plus pâle, la fleur – plus discrète – accroche moins le regard, mais elle peut se fondre aisément dans un ensemble végétal.

> Le **blanc**, couleur élégante, s'harmonise avec n'importe quelle teinte. Si on veut l'utiliser seul, il prend tout son lustre dans un environnement ombré ou peu lumineux, d'où il rejaillit de façon éclatante. Associé à d'autres teintes, il les met en valeur et permet de séparer des couleurs qui ne se marient pas bien.

> Le **rose** est apprécié pour sa douceur, mais, s'il est pâle, il faut veiller à lui donner du relief soit en mariant les différentes teintes, soit en lui permettant de ressortir sur un fond ou un feuillage sombre. On ne trouve pas ou peu de rouge pur chez les hortensias, mais plutôt des roses très foncés.

> Le **bleu** est une teinte plutôt froide – elle appelle le calme, la sérénité. Il en existe de différents tons, dont certains plus chauds que d'autres, tels les **violets**.

> Les inflorescences **plates** donnent une impression de fragilité gracile que n'ont pas les inflorescences **en boules** – elles produisent peut-être un effet moins brillant, mais elles ravissent par leur délicatesse.

De près, le regard est attiré par les fleurs plates.

La plantation

L'emplacement

① Creusement du trou de plantation.

Commencez par choisir avec soin l'emplacement approprié pour votre hortensia.

> Les endroits brûlés par le soleil sont à proscrire : il faut à la plante **un sol toujours frais et humide,** mais non saturé d'eau, et une situation **à mi-ombre.** La plante aura ainsi plus de facilité à supporter les variations de température. On privilégiera donc un ensoleillement le matin ou le soir et on évitera de planter contre la façade sud d'une maison.

> Il faut noter que les **blancs** qui « grillent » plus facilement ont besoin de davantage d'ombre que les hortensias colorés.

> Les trouées entre deux bâtiments dans lesquelles le **vent** souffle et dessèche l'air et le sol sont à éviter. On tiendra compte aussi de la direction de la **pluie** : les façades est sont nettement moins arrosées que les façades ouest.

Quand planter ?

La plantation peut s'effectuer de l'automne jusqu'au début du printemps (au moment du repos de la plante) pour les hortensias de pépinière sortis de terre **en motte.**

> Les hortensias **en pot ou en conteneur** peuvent être achetés et plantés tout au long de l'année à condition de leur assurer un arrosage régulier jusqu'à ce qu'ils soient autonomes.

> Les plantations de printemps et de début d'été obligent à plus de surveillance, mais elles ont le côté agréable d'avoir tout de suite une plante en feuille, puis en fleur.

② Avant le griffage des racines.

③ Racines griffées.

④ Trempage de la motte.

Hortensias au soleil

Tant qu'ils ne souffrent pas de carences en eau, un grand nombre d'hortensias supportent le soleil, mais ils ne s'adaptent jamais au soleil avec un sol sec.

• Une situation à mi-ombre leur permet, cependant, de garder la fraîcheur et la teinte de leurs inflorescences plus longtemps.

• Même de brefs manques d'eau causent des dégâts aux hortensias et les affaiblissent.

Comment ?

• Creusez un trou de plantation qu'il vaut mieux faire dès maintenant à la dimension du système racinaire de la plante adulte, soit environ 80 cm à 1 m de diamètre sur 60 à 80 cm de profondeur (voir ①).
• Si vous plantez à proximité d'un arbre ou d'un arbuste qui développe ses racines en surface, tapissez le fond et les bords de feutre horticole perméable pour éviter qu'elles ne viennent coloniser l'emplacement de l'hortensia.
• Dégagez les racines de la plante qui sont entremêlées au moyen d'une petite griffe ou de la lame d'un sécateur (voir ② et ③), afin qu'elles puissent se diriger vers le bas et se développer quand elles seront en pleine terre. C'est une opération importante qui, si elle n'est pas faite, peut bloquer la croissance de la plante (elle ne l'abîmera absolument pas).
• Trempez la motte dans de l'eau pour humidifier les racines qui ont été mises à nu (voir ④).
• Si nécessaire, amendez la terre avec un apport d'humus ou de terre de bruyère, qui est une terre acide.
• Déposez la motte dans le trou, en ayant soin de ne pas la planter plus profondément que dans son pot (voir ⑤).
• Rapportez la terre autour du pied de la plante tout en arrosant (ne la tassez pas avec le pied). Laissez faire l'eau qui supprimera les éventuelles poches d'air – elle s'infiltrera en entraînant la terre entre les racines qu'elle fera descendre vers le bas (voir ⑥).
• Une fois la plante en place, faites autour de son pied une petite cuvette de terre qui retiendra l'eau lors de l'arrosage et arrosez abondamment (voir ⑦).

Distances de plantation

Si vous installez plusieurs plants, prévoyez de 80 cm à 1,20 m entre deux hortensias, et un peu plus pour *Hydrangea paniculata* et *H. quercifolia* (1,50 m). Les *H. arborescens* 'Annabelle' peuvent être plus proches les uns des autres (80 cm) – leur tiges, plus frêles, se maintenant mutuellement.
> De façon générale, on plantera à une distance correspondant aux trois quarts de la hauteur de la plante adulte, moins si l'on veut un effet de haie voluptueuse, plus si l'on souhaite que les hortensias ne se mêlent pas.

⑤ Dépose dans le trou.

⑥ Apport de la terre.

⑦ Arrosage.

Rose ou bleu ?

Pour obtenir une couleur de fleurs, il faut choisir une variété de la couleur appropriée. Mais la nature acide ou basique du sol va influencer cette couleur.

> Pour produire de belles fleurs bleues, les hydrangeas doivent être cultivés à la fois dans une **terre acide** (pH entre 4,5 et 6,5) et riche en aluminium assimilable (c'est l'acidité qui permet l'assimilation).

> Dans une **terre neutre** (pH 7), les hortensias ne pourront produire que des fleurs roses ou rouges selon la variété. Les bleues deviendront mauves.

Plusieurs couleurs

• Si un hortensia sort des fleurs de différentes couleurs, cela veut dire qu'étant très sensibles à l'acidité du sol ses racines ne propagent pas les mêmes éléments dans toutes les parties de la plante.

• Il peut arriver aussi qu'à la plantation il ait du mal à s'adapter et à trier les éléments qui influeront sur sa couleur.

Obtenir des bleus...

Il est cependant possible d'avoir des hortensias bleus dans un terrain *a priori* peu propice.

• Avant la plantation, mélangez à la terre de l'**aluminium assimilable** (2 kg/m^3).

• Répandez ensuite la poudre autour de la plante, puis arrosez 2 ou 3 fois jusqu'à ce qu'elle soit dissoute.

> Certains produits présentés sous forme liquide ont l'avantage de se répandre très rapidement, mais leur effet est vite amoindri par le lessivage du sol.

> La meilleure période pour ce traitement est pendant la montée de sève du printemps – la plante aura le temps d'absorber l'aluminium jusqu'à la formation de ses fleurs.

> Et, pour stabiliser la couleur, rajoutez une petite dose à la fin du printemps, quand les feuilles sont sorties mais avant la floraison.

La couleur de *Hydrangea macrophylla* 'Lancelot' varie selon la nature du sol.

... et des roses

L'inverse est vrai aussi. Si vous désirez un hortensia rose, il faut diminuer l'acidité du sol (augmenter son pH).

• Mettez une poignée de **chaux** ou de **plâtre** dans un seau. Laissez dissoudre, mélangez et répandez cette solution sur une surface de 1 m autour de la plante.

• Renouvelez l'opération l'année suivante si cela n'est pas suffisant.

> Vous pouvez également utiliser de la **cendre de cheminée** chargée de calcaire et de potasse.

Le bleu de 'Nikko Blue' sert de référence pour comparer la plupart des *Hydrangea macrophylla*.

Des hortensias en pot

La plupart des hydrangeas peuvent très bien vivre en pots sous trois conditions :

• Les pots doivent être proportionnés à leur taille.

• Quand la plante commence à étouffer, on n'hésitera pas à lui fournir un pot plus grand.

• On veillera à lui assurer un apport d'engrais régulier pour que la terre ne s'épuise pas.

> Lors du **rempotage,** le pot devra avoir impérativement des trous de drainage, afin que l'eau ne stagne pas et ne pourrisse pas les racines.

• Mettez dans le fond du pot un lit de gravier.

• Ajoutez un feutre horticole sur le gravier et, enfin, remplissez avec de la terre.

> Pour éviter la dilatation due au gel, on peut doubler les bords du pot de plastique à bulles ou de polystyrène expansé.

> Dans les régions froides, il est quand même préférable de rentrer ou de protéger la plante pendant tout l'hiver non pas pour préserver la partie aérienne, qui supporte le froid comme les plantes de pleine terre, mais pour éviter de faire geler les jeunes radicelles à l'intérieur du pot.

Un somptueux *Hydrangea serrata* 'Blue Bird' en pot.

L'arrosage

La terre dans laquelle vous installez des hydrangeas ne doit pas être trop drainante ; il ne faut donc pas hésiter à l'enrichir d'humus pour augmenter sa capacité à garder l'eau. La terre de bruyère assure l'acidité, mais est desséchante et ne nourrit pas la plante.

> Si l'arbuste est **à l'ombre** (mais cependant avec de la lumière), l'évaporation sera moins grande et le besoin en eau moins important.

> Les **jeunes plantations** auront besoin d'être arrosées régulièrement après la mise en terre et pendant leur année d'installation.

> Les hortensias redoutent la chaleur et révèlent tout de suite qu'ils ont soif en laissant pendre leurs feuilles – ce sont de ce fait des plantes assez simples à surveiller. Après un arrosage copieux, ils reprendront un bel aspect. Mais, si vous laissez la plante souffrir de la soif, les feuilles pourront sécher et les fleurs auront du mal à s'en remettre.

> En **période humide,** il vaut mieux arroser le matin – si vous arrosez tard le soir, la plante aura tendance à rester humide la nuit et cela favorisera les maladies.

Au pied d'un arbre

Si vous installez votre hydrangea au pied d'un arbre, méfiez-vous.

- L'arbre aura tendance à pomper l'eau qui lui est destinée et, n'ayant d'autres ressources que son système racinaire de surface, l'hortensia risque de dépérir. Il faut donc former une cuvette au pied de la plante pour que l'eau ne s'étale pas et que l'arbuste puisse en profiter au maximum. L'arrosage devra être plutôt fréquent d'autant plus que l'arbre privera l'hortensia de la rosée du matin qui humidifie son feuillage.
- L'arbre présentera cependant l'avantage de protéger votre hortensia du gel et de lui assurer de l'ombre. Si vous veillez à l'arrosage, ils peuvent faire très bon ménage.

> En **période sèche,** arrosez au pied le matin pour éviter de brûler les fleurs avec l'effet loupe des gouttes d'eau au soleil, et sur les feuilles le soir, pour les réhumidifier plus rapidement.

Le paillage

Le paillage consiste à recouvrir le sol de substances protectrices sur une épaisseur approximative de 5 cm.

> Il peut être constitué de **tontes d'herbe** (en très faible épaisseur), **écorces de pin** ou **aiguilles de pin,** ces deux derniers paillis ayant l'avantage d'entretenir l'acidité en se décomposant.

> Le paillage des hortensias est très utile **l'été,** car il limite l'évaporation de l'eau dans le sol et entretient la fraîcheur. De plus, il empêche la pousse des mauvaises herbes et évite donc un travail de désherbage.

> Le paillage est aussi très pratique **l'hiver,** car il protège les racines du gel quand les plantes sont de petite taille, leur système racinaire proche de la surface étant plus fragile.

> Attention de ne pas recouvrir le collet de *Hydrangea paniculata* et *H. quercifolia* (qui ont une écorce) pour prévenir le développement des champignons.

Écorces de pin sous *Hydrangea macrophylla* 'Nigra'.

Les engrais

Les hydrangeas ont besoin d'éléments nutritifs que certains sols pauvres ne leur fournissent pas naturellement.

> Avant la plantation, on peut avoir recours au **compost** et, par la suite, aux **engrais** qui permettent d'enrichir le sol en azote, phosphore et potasse.

> Il faut cependant que la teneur en azote soit faible pour les **hortensias bleus,** qui ont tendance à absorber l'azote au détriment de l'aluminium – leur couleur bleue en souffrirait. On retiendra pour les engrais une formule N.P.K. équilibrée.

> Il ne faut pas **suralimenter** les hydrangeas qui pourront alors produire une très grande quantité de feuilles au détriment des fleurs, surtout s'il s'agit d'un engrais trop azoté.

> Chez les **sujets jeunes,** si vous les nourrissez avant la feuillaison, vous prenez le risque de brûler les jeunes feuilles. Il vaut mieux administrer l'engrais quand les feuilles sont sorties et les bourgeons déjà bien formés – les fleurs en profiteront alors abondamment.

> Utilisez un engrais acidifiant à action lente et administrez-le **à petites doses** plutôt qu'une grande quantité d'un coup.

La chlorose

Au-delà d'un pH 7, dans une terre qui n'est pas suffisamment acide, les hortensias roses et rouges risquent de souffrir de chlorose (ou carence en fer) : le feuillage devient clair ou jaune, et n'est jamais vert. On acidifiera donc le sol pour permettre aux plantes d'assimiler le fer.

• Mélangez la **tourbe blonde** à la terre du jardin à raison de 30 à 50 litres/m².

• Apportez en outre à la plante une solution de **chélate de fer** (Séquestrène®), que l'on administre par arrosage au pied et qui redonnera de la coloration au feuillage.

N.P.K.

• L'azote (N) a pour fonction de favoriser la croissance des feuilles et des branches.

• Le phosphore (P) participe au développement des racines et à la couleur des fleurs.

• La potasse (K) aide à la floraison et renforce le bois.

Opulents *Hydrangea macrophylla* 'Renate Steiniger'.

La taille

La taille est une opération délicate, car, si l'on n'y prend garde, on risque de supprimer les boutons floraux – une taille sévère ferait perdre ainsi une année de floraison.

> Tailler parce que la plante se développe trop n'est pas une fatalité. Pour éviter cette taille, on pensera au moment de la plantation à laisser la place que l'hydrangea aura une fois adulte ou on choisira une variété en fonction de ses dimensions adulte (en hauteur et en largeur). Cela rendra cette opération inutile, à moins de vouloir corriger l'apparence de la plante.

Taille de nettoyage

Une taille de nettoyage a pour effet de rendre la plante plus esthétique après la floraison. La plante n'en a pas besoin, et cette taille n'est donc pas impérative. Elle s'effectuera le plus souvent après la floraison des hortensias qui fleurissent sur le bois de l'année, à quelques exceptions près. Sont concernés la plupart des hydrangeas : *H. macrophylla, H. serrata, H. quercifolia, H. aspera, H. heteromalla* ou *H. involucrata.*

Comment ?

• Repérez bien les bourgeons branche par branche et ne coupez pas les rameaux avec un bourgeon terminal – il prépare la fleur de l'année (voir ①).

① Bourgeon terminal.

② Bourgeons latéraux.

• Si la fleur fanée se trouve au bout d'une branche solide, coupez celle-ci juste au-dessus de la paire de bourgeons venant immédiatement en dessous (voir ② et ③).

• Si besoin, débarrassez la plante de ses branches mortes. Et si ses extrémités ont gelé, taillez jusqu'à une paire de bourgeons sains. Attention, car lorsque l'on rabat un peu trop un hortensia, il a tendance à former plus de feuilles que de fleurs.

③ Taille au-dessus des bourgeons latéraux.

Avant la taille de nettoyage.

Après la taille de nettoyage.

Quand ?

Après la fin de floraison, bien sûr – encore une fois, sans nécessité. Mais, pour éviter les erreurs, on préférera laisser l'arbuste avec ses fleurs fanées le plus longtemps possible – il sera d'autant moins sensible aux gelées de printemps.

> Attendez les saints de glace, à la **mi-mai,** pour le débarrasser de ses inflorescences fanées.

Taille de régénération

Si la plante donne des signes de faiblesse ou d'épuisement (les brins sont nombreux, la dimension des inflorescences diminue d'année en année), elle a besoin de retrouver de la vigueur, et la suppression des brins les moins forts (dans la proportion d'un sur trois) redonnera un afflux de sève à ceux qui restent (voir ①).

Cas particuliers

- *Hydrangea arborescens* 'Annabelle' et *H. arborescens* 'Grandiflora', avec leurs inflorescences arrondies, peuvent être facilement confondus avec *H. macrophylla.* Ces deux cultivars ne fleurissent pas sur le bois de l'année précédente, mais sur celui de l'année. Ils peuvent donc, sans aucun inconvénient, être taillés à 30 cm du sol au mois de mars.
- *H. anomala* ssp. *petiolaris,* un hortensia grimpant, n'aime pas à être taillé trop court. Il est possible d'accompagner sa croissance en lui donnant des indications de direction pour qu'il s'accroche sur son support. Ses fleurs fanées peuvent être supprimées en hiver pour améliorer la floraison suivante, mais cela n'est pas une nécessité.

Taille de charpentage

Hydrangea quercifolia, qui a des brins longs et des inflorescences lourdes, peut nécessiter une taille pendant une période de 2 ou 3 ans – cela renforcera la tige principale à la base et lui permettra de se dresser. Attention, à trop le tailler, on obtiendra des fleurs plus grosses mais aussi plus lourdes. L'arbuste se tiendra moins bien et les branches auront tendance à s'affaisser.

> À l'inverse du précédent, un ***Hydrangea paniculata*** qui n'aura pas été taillé peut atteindre une hauteur considérable.

Taille de formation

Sans taille, *Hydrangea paniculata* et *H. heteromalla* garderont un port naturel et buissonnant qui peut convenir à beaucoup de massifs.

> En sélectionnant quelques brins, on les formera en **arbustes** hauts et larges. Cela ira particulièrement à un fond de massif, ou à une situation isolée, avec d'autres variétés en sous-étage qui profiteront de l'ombre portée.

> En ne conservant qu'un seul brin, on obtiendra une tige qui deviendra un véritable tronc et donnera à la plante une **structure d'arbre**.

① Taille des brins les moins vigoureux.

Après la taille de régénération.

Hydrangea paniculata après une taille de formation.

> On peut aussi rabattre *Hydrangea paniculata* très bas, à 10 ou 20 cm du sol, quand il est jeune. Cependant, pour lui donner plus de tenue, mieux vaut lui laisser des rameaux un peu plus longs qui vont se charpenter et produire de nouveaux rameaux florifères tous les ans.

Comment ?

• Effectuez la taille de formation d'un hortensia au-dessus d'une paire d'yeux (voir ①) en mars ou avril – une taille tardive retardera la période de floraison de la plante.

① Taille au-dessus d'une paire d'yeux.

La multiplication

Il existe plusieurs façons de reproduire et multiplier les hortensias.

Le bouturage

Les hortensias sont des plantes très faciles à bouturer. Il faut seulement les implanter dans une terre accueillante et veiller à ce que celle-ci soit toujours humide.
> Le mélange idéal sera l'association de **terreau de bouturage** du commerce ou, tout simplement, de terre du jardin avec de l'**humus** décomposé et du **sable** (dans la proportion d'une demi-part) pour rendre ce mélange plus léger et favoriser le développement des racines.

> N'ajoutez **pas d'engrais** pour ne pas brûler la bouture.

Comment ?

• Prélevez une bouture de 5 à 6 cm de long à l'extrémité d'une tige en coupant en biseau juste au-dessus d'une paire de boutons (voir ①). La bouture doit posséder un bouton terminal ainsi que 1 ou 2 paires de boutons latéraux.
• Coupez les feuilles de moitié dans le sens de la largeur (voir ② et ③).
• Trempez l'extrémité de la tige dans une hormone de croissance en vente en jardinerie (voir ④).
• Enfoncez la bouture jusqu'aux deux tiers dans la terre que vous avez préparée et placez-la à la lumière sans qu'elle soit jamais au soleil (voir ⑤).

① Prélèvement d'une bouture.

② Coupe d'une feuille.

③ Bouture prête à être repiquée.

• Arrosez abondamment (voir ⑥).
• Pour finir, fermez hermétiquement le pot avec un plastique transparent. L'humidité conservée permettra à la plante de produire des racines et il ne sera pas nécessaire d'arroser. Si vous ne procédez pas ainsi, arrosez-la tous les jours avec un vaporisateur pour ne pas la noyer, au risque de faire pourrir les racines.
> Les boutures de *Hydrangea aspera* et *H. involucrata*, aux feuilles velues, sont particulièrement sensibles à la pourriture et doivent être placées dans un endroit aéré.

Quand ?

Il est possible de bouturer toute l'année, mais la période la plus favorable reste encore **avril-mai**.

Bouture d'automne

Si vous choisissez de faire votre bouture à l'automne, le prélèvement sera de nature différente.
• Enlevez à une tige principale l'une de ses branches latérales encore verte en tirant sur celle-ci, de façon à la détacher de la principale (voir ⑦). Par ce moyen, vous entamez légèrement la tige principale d'une petite partie que l'on appelle le « talon ». C'est de cette partie que sortiront les racines.
• Nettoyez le talon par une coupe propre pour enlever le surplus, mais sans le supprimer.
• Réduisez le feuillage en ne laissant que la moitié des feuilles en coupant dans la largeur, comme précédemment.
• Mettez la bouture en pleine terre, dans un endroit constamment humide et aéré.

⑦ Bouture d'automne avec talon.

Le marcottage

Le marcottage se pratique en automne ou hiver.
• Sélectionnez une tige basse, courbez-la jusqu'au sol et maintenez-la avec un cavalier ou une pierre.
• Recouvrez sa partie centrale de terre en laissant à l'air libre son extrémité.
• Au bout d'un an, lorsqu'elle aura produit des racines, coupez la tige qui la relie à la plante mère.
• Déterrez-la et transplantez-la avec sa motte.

Le semis

Il s'effectue en janvier, mais contrairement aux deux méthodes précédentes, il ne donnera pas la même plante.

④ Trempage dans l'hormone de croissance.

⑤ Repiquage de la bouture.

⑥ Arrosage de la bouture.

• Secouez une fleur séchée sur un terreau fin, léger et humide, pour y faire tomber les graines.
• Veillez à ce que le terreau reste toujours humide. De nouvelles plantes sortiront 1 ou 2 mois après.

La division

Lorsqu'un sujet devient trop important, il est possible de le diviser.
• Déterrez la plante avec une belle motte de racines et de terre.
• Coupez délicatement les racines en deux parties égales, avec une scie à petites dents.
• Replantez sans attendre et n'hésitez pas à rabattre sérieusement la nouvelle plante pour lui redonner une belle forme arrondie.

La transplantation

La transplantation des hortensias est tout à fait possible dans la mesure où leur système racinaire est de faible dimension. Pour une plante de 1,50 m de hauteur, la motte fera environ 80 cm de diamètre et de profondeur.
• Pour ne pas être gêné, liez les branches pour les maintenir en l'air.
• Coupez la motte tout autour de la plante avec une bêche.
• Soulevez la motte et glissez une bâche en dessous pour la tirer jusqu'à l'endroit de la transplantation. Attention de ne pas casser la motte, car cela pourrait aussi briser les racines.
• Puis procédez comme une plantation habituelle (voir p. 14-15).

Protection contre le froid

Malgré la présence de boutons floraux, il arrive que les hydrangeas ne fleurissent pas. Soit ils sont trop nourris et donnent un maximum de feuilles, soit ce sont les gelées nocturnes qui sont en cause, surtout au printemps, lorsque les boutons commencent à s'ouvrir et sont plus fragiles.
• Recouvrez l'hortensia d'un léger film de gaze ou d'un vieux drap – surtout pas de plastique qui, avec la condensation, ferait pourrir la plante. Le voile ne doit pas prendre appui sur les bourgeons pour éviter de les casser.
• Retirez le voile le matin.

Hydrangeas rustiques

• *H. aspera* n'est pas affecté par la mort de quelques boutons ou jeunes feuilles. Au bout d'un certain temps, d'autres apparaîtront sous les boutons terminaux qui assureront la floraison de l'année.

• *H. quercifolia* supporte bien le gel et des températures allant jusqu'à – 20 °C, mais ses boutons ne seront abondants que s'il a eu auparavant un été assez chaud.

• *H. serrata* résiste à des hivers assez rigoureux.

Mise en place d'un voile de protection.

Les maladies

L'oïdium

Les symptômes. Les feuilles et les tiges se recouvrent d'une sorte de duvet blanchâtre, elles brunissent, se déforment et finissent par se dessécher. Si vous ne traitez pas, la plante repartira malgré tout au printemps prochain.
Comment prévenir ? Il est possible de remédier à cette maladie en pulvérisant sur la plante une préparation à base de soufre au début de l'automne, au moins 3 fois à 10 jours d'intervalle. Certains hortensias étant plus sensibles que d'autres, on les installera dans un endroit bien aéré et on évitera de les arroser trop tard le soir.

Oïdium.

Le botrytis

Les symptômes. Les bourgeons terminaux se couvrent de moisissure, les feuilles prennent une teinte jaunâtre, se dessèchent et tombent. Les inflorescences brunissent et pourrissent. C'est un champignon qui se développe par temps doux et humide en hiver, au printemps et à l'automne, dans un espace qui n'est pas suffisamment aéré.
Comment lutter ? Il n'y a pas de traitement vraiment efficace. On se contentera d'enlever les parties atteintes et de les brûler. En fin d'été, on éliminera les feuilles tombées.
Comment prévenir ? On peut, pour éviter le développement du champignon, utiliser un produit fongicide et, entre novembre et avril, pulvériser de la bouillie bordelaise.

Les virus

Les symptômes. Il existe quelques virus qui occasionnent des marbrures sur les feuilles, le jaunissement des nervures, des déformations des feuilles et le dépérissement de la plante.
Comment lutter ? Il n'y a aucun remède si ce n'est de supprimer la plante pour éviter la propagation.

Virus.

Les insectes

La cochenille farineuse

Les symptômes. La cochenille est l'un des parasites les plus dangereux pour l'hortensia. Elle se repère facilement à ses petites pustules blanches sous les feuilles ou les tiges. Elle se répand au printemps, fait tomber les feuilles et affaiblit la plante, qui peut en mourir si vous n'intervenez pas rapidement.

Comment lutter ? Il n'y a qu'un seul moyen pour l'éradiquer, c'est de supprimer toutes les branches envahies jusqu'à la base. Brûlez-les, ainsi que les feuilles pourrissantes tombées à terre, puis pulvérisez un insecticide anti-cochenilles sur le reste de la plante. Même si, au jardin, les sujets sains résisteront aux attaques, il est quelquefois nécessaire de raser et de brûler entièrement toutes les plantes atteintes.

Les araignées rouges

Les symptômes. Les araignées rouges sont fréquentes en août, quand l'atmosphère est très sèche. Lorsque la plante en est atteinte, les feuilles se décolorent et prennent une teinte jaune ou grisâtre.
Comment lutter ? On élimine ce parasite par un arrosage sous pression copieux, à la fois sur et sous les feuilles.

Araignées rouges.

Les limaces et escargots

Les symptômes. Ces rampants affectionnent particulièrement les feuilles tendres des jeunes plants et peuvent les faire mourir.
Comment lutter ? Il existe des granulés très efficaces, mais si l'on veut être plus écologique, il faut enterrer à demi un verre rempli de bière que ces gastéropodes viendront « siroter » et dans laquelle ils se noieront.

Les otiorrhynques

Les symptômes. On s'aperçoit de leur présence quand le bord des feuilles montre des encoches régulières. L'insecte adulte ne présente pas de danger pour la plante, mais ses larves, par contre, s'infiltrent dans la terre et se nourrissent des racines. *Hydrangea quercifolia* y est le plus sensible.
Comment lutter ? On peut éliminer ces parasites avec un insecticide du sol.

Des visiteurs au jardin

On peut toujours souhaiter une plante parfaite, mais le jardin n'est-il pas aussi un espace de vie pour les insectes qui s'y trouvent ? Pourquoi ne pas laisser ce formidable milieu naturel se développer en harmonie ? Si la plante n'est pas en danger, n'hésitez pas à laisser les insectes vivre et évitez les traitements inutiles.

Otiorrhynques.

Sauterelle éphippigère.

Des couleurs et des formes

L'inflorescence et la fleur

Même si on parle de « fleur d'hortensia », il s'agit en fait d'un ensemble de très nombreuses fleurs, **l'« inflorescence »,** qui est plate, en boule ou en cône.

> Les inflorescences sont composées de petites **fleurs fertiles** au centre et de quelques **fleurs stériles** en pourtour. Ce sont les sépales, beaucoup plus développés et colorés que les pétales, que l'on observe. Les inflorescences en boules sont une particularité, car elles sont constituées essentiellement de fleurs stériles.

> Les fleurs stériles ont de 3 à 5 sépales placés sur un rang. Quand 2 rangs de sépales se superposent, on parle de **fleurs doubles,** et de **fleurs pleines,** lorsqu'il y en a davantage.

> Les **fleurs stériles blanches** sont dépigmentées – la nature du sol n'aura donc pas d'influence sur elles. Les **roses** et les **bleues** sont sensibles à la nature du sol (voir p. 16).

> La floraison a lieu de juin à novembre selon les variétés. Certaines sont **remontantes** – de nouvelles fleurs poussent alors au-dessus de celles déjà fanées.

> À **l'automne,** la grande majorité des hydrangeas prennent de superbes colorations roses ou rouges. Même les fleurs blanches se pigmentent de rouge et de vert. *Hydrangea arborescens* 'Annabelle' vire au vert, et certains *H. paniculata* comme 'Lime light', au jaune crème. Ces splendides couleurs d'automne renouvellent le plaisir de la floraison.

> La couleur vient aussi de **la lumière** dont bénéficie la plante. Une plante trop à l'ombre, bien que colorée, ne donnera que des couleurs pâles (rose ou bleu). Il faut donc aux hortensias de la lumière, une partie de la journée au moins.

> Et si **un hortensia âgé** se décolore, un peu d'engrais lui redonnera de la vigueur.

Fleurs séchées

Pour de superbes bouquets, cueillez les fleurs lorsque les sépales commencent déjà à sécher sur la plante, en septembre ou octobre.

- Enlevez toutes les feuilles et suspendez les inflorescences, la tête en bas, dans une pièce bien ventilée et obscure (un endroit humide leur ferait perdre leurs teintes).
- Vous pouvez aussi les mettre en vase avec un fond d'eau.

Floraison remontante de *Hydrangea macrophylla* 'Bodensee' en octobre.

Le feuillage

Le feuillage contribue à la beauté de la plante et prend de belles couleurs d'automne. Il aide à identifer les différentes espèces et variétés d'hortensias. Il en existe une diversité étonnante.

Elliptique et plate, finement dentelée (*H. paniculata* 'Brussels Lace').

Longue et duveteuse (*H. aspera* 'Macrophylla').

Elliptique, pointue, longue, incurvée et retombante, finement dentée, velue (*H. heteromalla* 'Nepal Beauty').

Le port

Le port désigne la silhouette générale d'une plante, la forme la plus fréquente chez l'hortensia étant le buisson.

Large et retombant (*H. macrophylla* 'All Summer Beauty').

Arbuste majestueux et large (*H. aspera* 'Macrophylla').

Buisson en coupe ouverte (*H. macrophylla* 'Madame Gilles Goujon').

Arbuste dressé (*H. paniculata* 'Lime Light').

Buisson large et aplati (*H. involucrata* 'Yoraku Tama').

Buisson rond et bien formé (*H. macrophylla* 'Pia').

Présentation du catalogue

Les espèces, variétés et cultivars sont présentés en **7 catégories** :

- Les inflorescences **en boules** regroupent les *H. macrophylla* aux inflorescences globuleuses bien connues.
- Les inflorescences **plates** sont également des *H. macrophylla*, aux caractéristiques et à l'environnement semblables. On peut les associer dans un même massif avec les boules.
- Les hortensias **japonais** sont de l'espèce *H. serrata*, presque exclusivement à fleurs plates, à feuilles plus petites, dont la floraison est avancée par rapport aux précédents (souvent en juin). Leur besoin d'eau est moins important et leur résistance au soleil meilleure.
- Les inflorescences **en cônes** sont de l'espèce arbustive *H. paniculata*. À une ou deux exceptions près, les plantes sont à grand développement et leur floraison est plus tardive (à partir de fin juillet).
- Les hortensias **à feuilles de chêne** sont de l'espèce *H. quercifolia*.
- Les hortensias **grimpants** sont des hydrangeas ou des hydrangeacées qui ont le point commun de grimper le long d'un support avec des racines adventives.
- Les **autres** hydrangeas regroupent les espèces *H. aspera*, *H. heteromalla*, *H. involucrata* et *H. scandens*, et les autres hydrangeacées.

Légendes des pictogrammes :

Hauteur de la plante

Dimension de l'inflorescence
Diamètre ou, pour les cônes, hauteur sur largeur à la base.

Exposition
Soleil, mi-ombre et ombre.

Arrosage
Faible, moyen et abondant.

Rusticité
Faible, moyenne, bonne et très bonne.

Période de floraison

Le catalogue des
300 hortensias

1,50 à 1,80 m	15 à 20 cm	mi-ombre	abondant	moyenne	juill. à oct.

Admiration

Classification : *macrophylla.*

Origine : Henri Cayeux, Le Havre, France, 1932.

Inflorescence : en boule. Fleurs stériles d'un beau rose ou bleu lumineux, à sépales irrégulièrement dentés, à sommet pointu ou arrondi, se chevauchant. Les fleurs prennent de très belles teintes d'automne vieux rose avec des nuances de vert.

Feuillage : grandes feuilles larges et dentées, un peu acuminées, vert soutenu devenant bronze à l'automne.

Port : vigoureux et généreux, légèrement retombant sous le poids des inflorescences.

Floribondité : bonne.

Utilisation : en massif protégé.

Intérêt : les couleurs d'automne permettent de faire de très beaux bouquets de fleurs séchées.

1,20 à 1,40 m	15 à 25 cm	soleil à mi-ombre	moyen	bonne	déb. juill. à oct.

Adria

Classification : *macrophylla.*

Origine : August Steiniger, Allemagne, 1957.

Inflorescence : en boule aplatie de taille moyenne, pouvant devenir grosse si la plante est taillée. Fleurs stériles roses ou bleu roi, à 4 sépales à bords entiers et à bout pointu légèrement incurvé.

Feuillage : feuilles plates, arrondies et régulièrement dentées, acuminées.

Port : petit buisson bien rond.

Floribondité : bonne.

Utilisation : ce cultivar est adapté à la culture en pot, mais aussi en bordure d'allée ou de massif. Il a besoin d'un sol acide pour trouver la pureté de son bleu. Un sol alcalin ne lui conviendra pas.

Intérêt : sa couleur rappelle l'origine de son nom, la mer Adriatique. Très belles fleurs séchées pastel.

1,20 m	15 à 25 cm	ombre	abondant	faible	déb. juill. à sept.

Albrechts Burg

Classification : *macrophylla.*

Origine : Nieschütz, Allemagne, 1983.

Inflorescence : en très grosse boule aplatie. Fleurs stériles à gros sépales très dentelés, rose pâle.

Feuillage : feuilles longues, en V faiblement dentelé. La couleur est vert pâle.

Port : buisson régulier et trapu.

Floribondité : moyenne. Légèrement remontant en septembre.

Culture : surveiller ce cultivar qui ne doit jamais manquer d'eau pour éviter de voir les sépales sécher et se figer.

Utilisation : dans un endroit au sol frais, où l'air n'est pas trop sec.

Intérêt : des fleurs sublimes, à couper le souffle.

All Summer Beauty

Classification : *macrophylla.*

Origine : Pieter Zwijnenburg, Pays-Bas, vers 1990.

Inflorescence : en boule. Fleurs stériles à 3 ou 4 petits sépales de forme ovale, se chevauchant irrégulièrement, de couleur bleu pâle très lumineux.

Feuillage : feuilles longues et pointues, plates, d'aspect mat et gaufré.

Port : grand buisson aussi large que haut, retombant. Bois fin, long.

Floribondité : très bonne. Remontant d'août à octobre.

Utilisation : en massif, protégé du vent et des pluies trop fortes, à l'orée d'un bosquet par exemple.

Intérêt : ce cultivar est proche de 'Générale Vicomtesse de Vibraye', mais il a l'énorme avantage d'être remontant, donc peu sensible aux gelées de printemps.

1,60 m	15 à 20 cm	mi-ombre à ombre	abondant	bonne	juill. à oct.

Alpenglühen

Classification : *macrophylla.*

Origine : Brugger, Allemagne, 1950.

Inflorescence : en boule. Fleurs stériles de couleur rose foncé à rouge, à 4 sépales en coupe, à bords entiers, pointus et se chevauchant.

Feuillage : feuilles vert foncé, larges, à bords dentés, pointues ou acuminées. La surface est gaufrée et brillante. Les feuilles rougissent à l'automne.

Port : buissonnant et vigoureux.

Floribondité : longue et généreuse.

Intérêt : une variété à développement rapide et à floraison hâtive et longue, qui prendra une belle teinte lilas en sol acide.

1,20 à 1,40 m	15 à 25 cm	mi-ombre	abondant	bonne	déb. juill. à sept.

Altona

Classification : *macrophylla.*

Origine : H. Schadendorff, Allemagne, 1931.

Inflorescence : en grosse boule. Fleurs stériles à sépales dentelés bleu franc et lumineux. Les fleurs se pigmentent fin juillet et rougissent progressivement jusqu'à la fin de l'automne.

Feuillage : feuilles larges à grosse dentelure et pointues.

Port : buisson large et légèrement retombant.

Floribondité : très bonne.

Culture : éviter l'exposition trop forte au soleil qui peut faire griller les parties blanches du feuillage.

Utilisation : en massif ou en bordure, le long d'un mur par exemple.

Intérêt : la longueur de la floraison et de très belles couleurs d'automne.

1,20 à 1,40 m	20 cm	mi-ombre à ombre	moyen	moyenne	juill. à oct.

1 m	15 à 20 cm	mi-ombre à ombre	abondant	bonne	mi-juill. à oct.

Amethyst

Classification : *macrophylla.*

Origine : M. Haworth-Booth, Grande-Bretagne, 1938.

Inflorescence : en petite boule, ronde ou irrégulière. Fleurs stériles doubles rose pâle ou bleu pâle, les sépales fortement dentés se chevauchant totalement, plus petits et plus clairs à l'intérieur, à extrémité rose ou violet-bleu plus soutenu à l'extérieur.

Feuillage : feuilles de forme elliptique, faiblement dentées, coriaces, de couleur vert foncé.

Port : petit buisson bien formé.

Floribondité : très bonne.

Utilisation : pour petits jardins, bordures de proximité ou sous une fenêtre pour admirer les fleurs de près. La proximité d'une maison lui procurera, en plus, une protection contre les gels de printemps.

1,20 m	10 à 15 cm	mi-ombre	faible	très bonne	juill. à oct.

Ami Pasquier

Classification : *macrophylla.*

Origine : Émile Mouillère, Vendôme, France, 1930.

Inflorescence : en boule. Fleurs stériles à 4 sépales pointus, se chevauchant, de couleur rose soutenu à rouge cramoisi ou pourpre bleu tendre en sol acide. Les inflorescences gardent leur couleur fraîche à l'automne.

Feuillage : feuilles plates, ovales et brillantes, à bords dentés, à bout pointu ou acuminé. Le feuillage rougit à l'automne, contrairement à la plupart des hortensias.

Port : petit buisson dressé à croissance lente. Le bois est petit, de couleur sombre.

Floribondité : très bonne.

Utilisation : isolé, car difficile à associer.

Intérêt : des couleurs superbes en sol non acide. Une variété sans exigence en arrosage, remontante.

1,20 à 1,50 m	15 à 30 cm	soleil à mi-ombre	faible	très bonne	juill. et août

Annabelle

Classification : *arborescens.*

Origine : J. C. Mc Daniel, Illinois, États-Unis, 1910.

Inflorescence : en grosse boule légèrement aplatie, régulière. Très petites fleurs stériles blanc crème, de 3 à 5 sépales, arrondis et se chevauchant très peu.

Feuillage : feuilles ovales et pointues, vert mat sur le dessus, plus claires et duveteuses sur l'envers.

Port : vigoureux et érigé, puis large et un peu arrondi.

Floribondité : très bonne.

Culture : il est parfois conseillé de le tailler chaque hiver pour développer des tiges plus fortes pouvant supporter les lourdes inflorescences.

Utilisation : une des variétés les plus rustiques, très tolérante. Elle prend une jolie teinte crème ou vert tendre en fin d'été, si elle n'est pas en plein soleil.

Intérêt : une floribondité exceptionnelle.

Armand Draps

Classification : *macrophylla.*

Origine : Draps-Dom, Belgique, 1950.

Inflorescence : en boule. Les fleurs stériles ont des sépales larges, à bords dentelés. La couleur est rose franc ou mauve en fonction de la nature du sol.

Feuillage : les feuilles sont de forme elliptique, larges, à bords dentés et à extrémité acuminée. L'aspect des feuilles est gaufré et brillant.

Port : petit buisson formé.

Floribondité : bonne.

Utilisation : en bordure ou en massif, dans un endroit sain et pas trop humide.

Intérêt : un petit buisson rustique.

1 à 1,20 m	12 à 18 cm	mi-ombre	moyen	bonne	mi-juill. à sept.

Arthur Billard

Classification : *macrophylla.*

Origine : Émile Mouillère, Vendôme, France, 1931.

Inflorescence : en boule aplatie. Fleurs stériles à 4 sépales à bords entiers avec faible chevauchement, de couleur rouge intense ou mauve en terre acide.

Feuillage : feuilles larges, de forme elliptique et concave, à bords dentés et à extrémité acuminée.

Port : buisson compact et irrégulier. Bois brun.

Floribondité : très bonne. Remontant en août.

Utilisation : cette ancienne plante de forçage est parfaitement adaptée à la culture en pot. Dans le jardin, on la mettra dans un endroit abrité.

Intérêt : une plante très facile de culture et à floraison hâtive. Un des rares macrophylla dont le feuillage prend de belles couleurs d'automne rouges et jaunes.

1,20 m	15 à 20 cm	mi-ombre	moyen	moyenne	déb. juill. à août

Atlantica

Classification : *macrophylla.*

Origine : avant 1931.

Inflorescence : en boule aplatie. Fleurs stériles de couleur rose ou mauve, à sépales irréguliers et dentés, pointus, se chevauchant.

Feuillage : grandes feuilles elliptiques, à bords fortement dentés et à bout très acuminé. La surface est gaufrée, vert sombre avec de nombreux reflets bronze.

Port : buisson vigoureux et élancé.

Floribondité : très bonne.

Utilisation : plante de fond de massif de par sa taille et ses grandes inflorescences et feuilles.

Intérêt : les fleurs prennent des couleurs vieux rouge et vert très intense jusqu'au début de l'hiver. On pourra en faire de somptueux bouquets de fleurs séchées.

1,60 m	25 à 35 cm	mi-ombre	moyen	bonne	juill. à nov.

0,80 à 1 m	12 à 18 cm	ombre	moyen	bonne	juill. à sept.

Ave Maria

Classification : *macrophylla.*

Origine : Brugger, Allemagne, 1951.

Inflorescence : en petite boule. Fleurs d'un blanc très pur, à 4 sépales dentelés arrondis, se chevauchant. Les jeunes inflorescences sont jaune pâle.

Feuillage : feuilles elliptiques plates vert franc, faiblement dentées.

Port : petit buisson compact demi-sphérique.

Floribondité : très bonne.

Utilisation : pour de petits espaces en situation protégée, en bordure d'allée ou en avant de massif.

Intérêt : un petit buisson d'un blanc très pur, idéal pour mettre en valeur d'autres plantes.

1,80 à 2 m	15 cm	mi-ombre	moyen	bonne	juill. à oct.

Ayesha

Classification : *macrophylla.*

Origine : Japon.

Inflorescence : en grosse boule aplatie. Sépales rose pâle ou bleus suivant le sol, petits et incurvés en forme de cuiller, donnant cet aspect de fleurs de lilas.

Feuillage : grandes feuilles brillantes.

Port : vigoureux, buissonnant. Tiges élancées.

Floribondité : généreuse et longue. Remontant légèrement jusqu'en octobre.

Culture : le protéger des gelées de printemps pour avoir une floraison abondante.

Utilisation : en fond de massif ou à l'orée d'un couvert, pour bénéficier de son grand développement et de sa longue floraison. Les fleurs faneront en fin d'été si la plante est exposée au soleil.

1,60 m	20 à 30 cm	mi-ombre	abondant	moyenne	déb. juill. à oct.

Benelux

Classification : *macrophylla.*

Origine : D. Baardse, Pays-Bas, 1950.

Inflorescence : en grosse boule légèrement aplatie. Sépales se chevauchant, à bords entiers, pointus, rose franc ou bleu cobalt en terre acide. Le centre des fleurs est plus clair. Elles prennent une couleur vieux rouge avec des reflets verts à l'automne.

Feuillage : grandes feuilles très larges, à denture régulière, à extrémité acuminée, gaufrées et brillantes.

Port : grand buisson très vigoureux et opulent, à développement rapide sur du gros bois.

Floribondité : très bonne.

Utilisation : en massif isolé, pour son volume et sa rondeur, ou en fond de massif dans un grand jardin.

Intérêt : des fleurs séchées impressionnantes par leurs teintes contrastées, leur taille et la longueur de leurs brins.

Bichon

Classification : *macrophylla.*

Origine : J. C. Dublanchet, France, 1969.

Inflorescence : en boule de grande dimension. Fleurs stériles à 4 sépales de taille irrégulière, pointus, à bords irrégulièrement dentés et se chevauchant en partie. La couleur est blanche, virant au vert pâle en manque de lumière.

Feuillage : grandes feuilles larges, de forme elliptique, à bout acuminé et d'aspect gaufré.

Port : buisson érigé. Le bois est fort.

Floribondité : très bonne.

Utilisation : isolé ou en massif plutôt ombré, dans un sol frais.

Intérêt : une variété tardive, belle pour la fin de l'été.

1,20 à 1,40 m	15 à 20 cm	mi-ombre à ombre	abondant	bonne	fin juill. à sept.

Blauer Zwerg

Classification : *macrophylla.*

Origine : August Steiniger, Allemagne, 1965.

Inflorescence : en boule de taille moyenne. Les fleurs stériles bleu roi ou violettes, en cuiller, ont des sépales à bords entiers, légèrement pointus et se chevauchant.

Feuillage : les feuilles de forme elliptique, plates, sont de couleur vert franc.

Port : buisson compact, dressé et formé.

Floribondité : très bonne. Parfois remontant.

Utilisation : cette variété d'hortensia compacte et à développement limité convient à des bordures d'allées ou de massifs, dans toutes régions.

Intérêt : un des bleus les plus lumineux en sol acide pourvu d'aluminium.

1 à 1,20 m	12 à 18 cm	soleil à mi-ombre	moyen	bonne	déb. juill.

Bodensee

Classification : *macrophylla.*

Origine : Brugger, Allemagne, 1950.

Inflorescence : en grosse boule. Les fleurs sont de couleur franche rose ou bleue, devenant blanc crème en août et rougissant ensuite.

Feuillage : larges feuilles dentées, parfois incurvées.

Port : buisson rond et bien formé.

Floribondité : très bonne.

Culture : la couleur des fleurs très franche est très sensible à l'acidité du sol. Le bleu sera profond en sol acide (pH 6).

Intérêt : une variété très rustique et florifère, un buisson rond de fleurs superbes jusqu'à la fin de l'automne.

1,20 à 1,50 m	20 à 25 cm	soleil à mi-ombre	moyen	très bonne	déb. juill. à oct.

1 à 1,20 m	10 à 15 cm	mi-ombre	moyen	moyenne	déb. juill. à sept.

Bosco

Classification : *macrophylla.*

Origine : J. C. Dublanchet, France, 1960.

Inflorescence : en petite boule bien ronde. Les fleurs, rouge ou rose mauve en sol acide, ont 4 sépales en coupe, à bords entiers et ondulés, se chevauchant entièrement.

Feuillage : les feuilles vert sombre sont épaisses et larges, régulièrement dentées et acuminées. La surface est mate et gaufrée.

Port : petit buisson dense et vigoureux. Le bois est épais et court.

Floribondité : bonne.

Utilisation : en bordure d'allée ou en massif protégé.

Intérêt : une petite variété d'un beau rouge, qui restera dans les tons chauds en terre acide.

1,20 à 1,40 m	12 à 18 cm	mi-ombre à ombre	moyen	moyenne	juill. et août

Bottstein

Classification : *macrophylla.*

Origine : W. Preisig (E. Haller), Suisse, 1971.

Inflorescence : en boule aplatie. Les fleurs stériles, rouge ou mauve intense, sont nombreuses, très serrées. Les sépales, à bords entiers et pointus, se chevauchent de façon dressée.

Feuillage : feuilles larges et incurvées, à bords dentés et marginés de rouge, acuminées, d'aspect gaufré.

Port : buisson très dense et généreux.

Floribondité : très bonne.

Utilisation : pour un jardin d'été, en massif ou en bordure d'allée, en situation protégée des vents froids.

Intérêt : une floraison très généreuse, avec des inflorescences qu'on regarde volontiers pour leur relief et l'intensité de leurs teintes.

1 m	10 à 15 cm	mi-ombre	moyen	bonne	fin juin à sept.-oct.

Bouquet Rose

Classification : *macrophylla.*

Origine : Lemoine, France, 1908.

Inflorescence : en boule. Fleurs stériles à 4 sépales en amande, se chevauchant peu et irrégulièrement. Roses ou bleu clair en sol acide à l'éclosion, les fleurs deviennent rose pastel ou vertes à l'automne.

Feuillage : feuilles elliptiques, fines, parfois ondulées et facilement retombantes, pointues, d'aspect mat et gaufré. Elles passent au bronze à l'automne.

Port : buisson retombant. Les tiges, fines et longues, ploient rapidement sous le poids des inflorescences.

Floribondité : bonne.

Utilisation : cette variété retombante donnera tout son effet si elle est placée en surplomb, sur une terrasse, une rocaille ou un talus par exemple.

Intérêt : cet hortensia à longues tiges peut aussi être utilisé pour réaliser des bouquets.

Brugg

Classification : *macrophylla.*

Origine : W. Preisig (E. Haller), Suisse, 1971.

Inflorescence : en petite boule. Fleurs stériles rose foncé ou rouges, en cuiller, à sépales à bords entiers et ondulés se chevauchant, pointus.

Feuillage : feuilles plates, elliptiques, à bords nettement dentés et à extrémité acuminée. La surface est brillante et gaufrée.

Port : petit buisson trapu.

Floribondité : bonne.

Utilisation : sa petite taille le destine à des bordures de petits murs ou en avant de massifs de variétés plus grandes. La culture en pot lui convient aussi.

Intérêt : un bel hortensia rose très vif, idéal pour placer dans un petit espace.

1 m	12 à 18 cm	mi-ombre	moyen	très bonne	déb. juill. à août

Chambellan

Classification : *macrophylla.*

Origine : Brugger, Allemagne, vers 1950.

Inflorescence : en boule très aplatie de grande taille. Les fleurs stériles ont 4 gros sépales ronds, à bords francs, se chevauchant. La couleur rose mauve est plus claire à la base.

Feuillage : grandes feuilles larges à grande dentelure et à bout acuminé, vert franc.

Port : petit buisson aplati. Le bois est fort.

Floribondité : moyenne.

Culture : nettoyer les fleurs en fin d'été.

Utilisation : éviter les endroits où l'air est trop humide ou exposés aux fortes pluies.

Intérêt : de très belles inflorescences aux fleurs rondes et généreuses.

1,20 m	20 cm	mi-ombre à ombre	abondant	bonne	juill.

Chaperon Rouge

Classification : *macrophylla.*

Origine : Louis Mouillère, Vendôme, France, 1954.

Inflorescence : en petite boule. Les sépales des fleurs stériles sont très larges et cordiformes, à bords entiers et irrégulièrement dentés, de couleur rouge soutenu ou bleu mauve profond en sol acide.

Feuillage : les feuilles sont petites, ternes, de forme elliptique, acuminées et gaufrées. Elles peuvent être marginées de rouge.

Port : petit buisson trapu.

Floribondité : bonne.

Utilisation : adapté à la culture en pot ou pour le jardin, parmi d'autres variétés ou plantes.

Intérêt : cet hortensia hâtif donnera toute la puissance de sa couleur vive dès la fin juin.

1 à 1,20 m	10 à 15 cm	soleil à mi-ombre	moyen	bonne	fin juin à juill.

1,60 à 1,80 m	20 à 30 cm	mi-ombre	moyen	très bonne	juill. à sept.

Constellation

Classification : *macrophylla.*

Origine : avant 1963.

Inflorescence : en grosse boule aplatie. Les fleurs stériles de couleur rose foncé ont des sépales à bords dentés se chevauchant.

Feuillage : grandes feuilles larges, à bords dentés et acuminées. La surface est gaufrée et brillante, de couleur vert sombre.

Port : buisson vigoureux, large et irrégulier.

Floribondité : très bonne.

Utilisation : isolé ou en massif pas trop exposé au soleil pour garder la fraîcheur de ses teintes.

Intérêt : une grande variété qui a de l'allure et de l'élégance grâce à la générosité de ses inflorescences servies par un beau feuillage brillant vert-bleu.

1,20 à 1,50 m	10 cm	soleil à mi-ombre	moyen	bonne	juill. à oct.

Danube Bleu

Classification : *macrophylla.*

Origine : X. et K. Rampp, Allemagne.

Inflorescence : en petite boule bien formée. Fleurs à 4 sépales, à bords entiers se chevauchant, de couleur bleu intense et profond en sol acide. Elles pâlissent en août et se colorent vieux rose à l'automne.

Feuillage : feuilles elliptiques et plates, à bords régulièrement dentés, acuminées. L'aspect est gaufré.

Port : buisson vigoureux. Les bois, fins et nombreux, portent de petites fleurs à leur extrémité.

Floribondité : bonne.

Utilisation : en haie ou en fond de jardin, en situation protégée des gelées de printemps.

Intérêt : le bleu du Danube n'est sûrement pas aussi profond que celui de cette très belle fleur.

1,40 à 1,60 m	18 à 25 cm	mi-ombre à ombre	moyen	bonne	déb. juill. à août

Deutschland

Classification : *macrophylla.*

Origine : D. Baardse, Pays-Bas, 1921.

Inflorescence : en boule généreuse et aplatie. Fleurs stériles à 4 sépales ovales, entiers et légèrement incurvés, se chevauchant, roses ou mauves.

Feuillage : grandes feuilles de forme ovale, à bords très dentés et à sommet acuminé. L'aspect est brillant et gaufré. La couleur est vert franc.

Port : grand buisson généreux.

Floribondité : moyenne.

Utilisation : en situation protégée du soleil fort et d'un excès d'humidité. Un espace aéré à l'ombre d'un feuillage lui convient très bien.

Intérêt : de belles couleurs de fin de saison pour cette plante généreuse.

Domotoi

Synonymes : 'Setsuka Yae', 'Taika Yae'.

Classification : *macrophylla.*

Origine : Japon.

Inflorescence : en boule aplatie. Fleurs doubles irrégulières de couleur rose ou bleu pâle.

Feuillage : feuilles longues de formes irrégulières.

Port : buisson plat et fourni. Le bois de l'année est plat par endroits au moment de la croissance.

Floribondité : bonne.

Utilisation : en avant de massif ou à proximité d'une allée pour admirer l'ouverture et les tons des fleurs. Le protéger des gelées de printemps.

Intérêt : le début de floraison est étonnant, les fleurs s'ouvrent les unes après les autres de façon désordonnée, l'inflorescence ne prenant sa forme en boule qu'après plusieurs semaines de floraison.

1 à 1,20 m	10 à 15 cm	mi-ombre à ombre	abondant	moyenne	juill. à sept.-oct.

Doris

Classification : *macrophylla.*

Origine : H. Kuters, Allemagne.

Inflorescence : en boule. Les fleurs stériles, serrées, ont des sépales entiers, à base large, légèrement pointus et en cuiller. La couleur est rouge vif.

Feuillage : feuilles épaisses et larges, dressées, de forme elliptique, en V. Les bords sont finement dentés. L'extrémité est acuminée. La couleur est vert clair marginé de rouge.

Port : petit buisson bien rond et trapu.

Floribondité : bonne.

Utilisation : en bordure d'allée, de massif ou en pot.

Intérêt : un beau rouge très vif pour toutes régions.

1 à 1,20 m	15 à 20 cm	mi-ombre	abondant	bonne	juill. à sept.

Draps Wonder

Classification : *macrophylla.*

Origine : Draps-Dom, Belgique, 1951.

Inflorescence : en boule. Sépales des fleurs stériles se chevauchant partiellement, à bords entiers, pointus et incurvés, rouges, bleu pâle ou mauves en sol acide.

Feuillage : feuilles presque aussi larges que longues, à bords dentés, souvent marginés de rouge, à bout acuminé. La surface est gaufrée et brillante.

Port : buisson formé et rond. Le bois est fort et les entre-nœuds sont courts.

Floribondité : bonne.

Utilisation : en massif, pour donner une grande tache colorée, en fond de jardin ou en lisière de sous-bois. Le protéger des gelées de printemps.

Intérêt : une très longue floraison de teintes variées sur le même arbuste, en sol neutre à acide.

1,20 à 1,50 m	15 à 20 cm	mi-ombre à ombre	abondant	moyenne	juill. à sept.

Mes plus beaux violets

Les violets les plus fous et les plus doux viennent créer la surprise à chaque nouvelle floraison. Rarement établie, la couleur des fleurs bleues se fait surprendre par des tons plus chauds ou des taches rouges qui apparaissent avec beaucoup de grâce, différemment sur chaque variété.

Page de gauche, de haut en bas

Massif fleuri

À l'ombre procurée par de grands arbres, un massif d'hortensia se déploie au gré de la nature...

Mousmée

Des fleurs à sépales larges et entiers, aux nuances insaisissables.
▷ Voir p. 101

Page de droite, de haut en bas et de gauche à droite

Kluis Superba

Nombreuses fleurs serrées bleu indigo doux en début de floraison.
▷ Voir p. 53

President R. Touchard

L'une des plus belles variétés de fleurs mauves pour un jardin somptueux.
▷ Voir p. 71

Massif fleuri

L'hortensia donne de la majesté aux jardins les plus sauvages.

Königin Wilhelmina

Toute la palette des nuances du rouge au bleu pur réunies dans cette fleur épanouie.
▷ Voir p. 53

Constellation

Douceur et contraste des formes et couleurs.
▷ Voir p. 40

1,30 à 1,50 m	10 cm	soleil à mi-ombre	moyen	très bonne	déb. juill. à sept.

Eldorado

Classification : *macrophylla.*

Origine : Draps-Dom, Belgique, 1950.

Inflorescence : en boule. Les sépales des fleurs roses ou mauves sont à bords droits, pointus et se chevauchant.

Feuillage : feuilles de forme ovale, en cuiller et à extrémité pointue. Les bords sont dentés, marginés de rouge.

Port : buisson costaud et court.

Floribondité : très bonne.

Utilisation : cette variété rustique supportera des situations très diverses en haie ou en massif.

Intérêt : une variété très rustique à la floraison très généreuse dès le début de l'été.

1,50 m	12 à 18 cm	mi-ombre	moyen	très bonne	déb. juill. à oct.

Enziandom

Synonyme : 'Gentian Dome'.

Classification : *macrophylla.*

Origine : August Steiniger, Allemagne, 1950.

Inflorescence : en grosse boule bien formée. Fleurs stériles à 4 sépales, à bords entiers, pointus et se chevauchant, bleu étincelant en sol acide, passant du mauve pâle au vieux rose en sol neutre ou alcalin.

Feuillage : grandes feuilles elliptiques, larges et un peu acuminées, vert sombre parfois marginé de brun.

Port : grand buisson bien rond, généreux. Les grosses inflorescences ondulent à l'extrémité des fortes tiges.

Floribondité : très bonne.

Utilisation : en massif, avec d'autres variétés bleues pour donner du relief dans la couleur. Ou isolé, protégé, pour profiter longuement de ses teintes fraîches.

Intérêt : le nom de ce cultivar en anglais est 'Gentian Dome', car sa couleur rappelle celle de la gentiane.

1,30 à 1,50 m	20 à 25 cm	mi-ombre à ombre	abondant	bonne	juill. à sept.

Éric Pellerin

Classification : *macrophylla.*

Origine : jardin botanique de Vauville en France. Cultivar identifié par Robert et Corinne Mallet.

Inflorescence : en grosse boule. Très nombreuses fleurs stériles qui s'ouvrent progressivement en généreux désordre. Sépales cordiformes, très larges, à bords fortement et irrégulièrement dentés, rose vif ou mauve parme en fonction de la nature du sol.

Feuillage : larges feuilles ovales, à bords fortement dentés, pointues, gaufrées et brillantes. La couleur verte vire au bronze à l'automne, à l'exception des nervures.

Port : grand buisson large et généreux. Bois fort.

Floribondité : très bonne. Remontant.

Utilisation : isolé ou en grand massif, protégé.

Intérêt : une variété vigoureuse, à fleurs et feuillage à admirer de près pour la finesse de leurs nuances.

Eugen Hahn

Classification : *macrophylla.*

Origine : August Steiniger, Allemagne, 1979.

Inflorescence : en petite boule. Fleurs stériles à 4 sépales se chevauchant, à bords entiers et pointus, rose-rouge très lumineux.

Feuillage : les feuilles allongées, de couleur vert franc, ont des bords dentés et irrégulièrement ondulés. L'extrémité est acuminée.

Port : petit buisson compact et galbé, les tiges à entre-nœuds très courts lui donnant cet aspect dense.

Floribondité : bonne.

Utilisation : pour constituer une bordure d'allée avec quelques heures de soleil ou habiller un petit muret, dans toutes régions.

Intérêt : une couleur impressionnante, presque translucide au soleil, et une longue floraison.

1 m	10 à 15 cm	soleil à mi-ombre	moyen	très bonne	juill. à fin sept.

Europa

Classification : *macrophylla.*

Origine : H. Schadendorff, Allemagne, 1931.

Inflorescence : en grosse boule. Fleurs stériles à sépales dentelés, pointus, se chevauchant. La couleur est rose vif ou mauve en sol acide. La fleur prend de belles teintes vertes et rouge vif à l'automne.

Feuillage : grandes feuilles, de forme elliptique, larges. Le bord est denté et la pointe acuminée. L'aspect est mat et peu gaufré.

Port : grand buisson vigoureux.

Floribondité : très bonne.

Utilisation : en grand massif ou isolé, dans un grand espace, protégé des gelées tardives.

Intérêt : un superbe buisson très vif jusqu'à la fin de l'automne. De beaux bouquets de fleurs séchées.

1,60 à 1,80 m	25 à 30 cm	soleil à mi-ombre	moyen	très bonne	mi-juill. à nov.

Favorite

Classification : *macrophylla.*

Origine : W. Binz, Allemagne, 1960.

Inflorescence : en boule de grande taille. Les fleurs stériles sont nombreuses et serrées. Les bords sont entiers et l'extrémité est pointue. La couleur est bleu ciel à mauve.

Feuillage : feuilles larges de forme ovale. Les bords sont finement dentés et la pointe est acuminée.

Port : buisson généreux et arrondi.

Floribondité : très bonne.

Utilisation : en situation protégée des gelées de printemps, en grand massif.

Intérêt : un hortensia d'été en bord de mer.

1,60 à 1,80 m	20 à 25 cm	mi-ombre	moyen	moyenne	juill. et août

1,20 à 1,40 m	20 à 25 cm	mi-ombre à ombre	abondant	moyenne	déb. juill.

Floralia

Classification : *macrophylla*.

Origine : A. Gyselinck, Belgique, 1955.

Inflorescence : en boule large et aplatie. Les fleurs stériles ont 4 sépales entiers, larges. L'extrémité se replie, donnant un aspect de fleurs à pointes aiguës. La couleur est rouge, rose ou mauve en fonction de la nature du sol.

Feuillage : feuilles larges et souples, de forme ovale-elliptique, à bords finement dentés et à bout acuminé. La couleur est vert pâle.

Port : buisson rond et majestueux.

Floribondité : très bonne.

Utilisation : en situation protégée des gels printaniers et des à-coups thermiques pendant la journée.

Intérêt : une très belle variété pour le début de l'été.

1,20 m	12 à 15 cm	mi-ombre à ombre	abondant	moyenne	juill. à sept.

Freudenstein

Classification : *macrophylla*.

Origine : E. Haller, Suisse, 1966.

Inflorescence : en boule demi-sphérique aplatie. Les fleurs stériles sont composées de 4 sépales larges qui se chevauchent. La couleur des fleurs est rose tendre nuancé de bleu.

Feuillage : les feuilles sont vert franc et légèrement incurvées.

Port : buisson très généreux et légèrement aplati. Bois moyen, très nombreuses tiges.

Floribondité : très bonne.

Intérêt : un massif de fleurs serrées dans des tons pastel et nuancés.

1 m	8 à 15 cm	ombre	abondant	moyenne	déb. juill. à août

Frillibet

Synonyme : 'Ardtornish'.

Classification : *macrophylla*.

Origine : M. Haworth-Booth, Grande-Bretagne, 1950.

Inflorescence : en petite boule. Fleurs stériles à sépales larges, irrégulièrement dentés, pointus, dans des teintes blanc crème passant progressivement au bleu pâle.

Feuillage : feuilles de forme elliptique, fines et légèrement tourmentées. L'extrémité est acuminée.

Port : petit buisson fragile et souple.

Floribondité : bonne.

Utilisation : en zone protégée du soleil, du froid et des intempéries.

Intérêt : sport de 'Madame Émile Mouillère', ce cultivar gracile, aux teintes très pâles et légères, donne une impression de fraîcheur. 'Frillibet' est une contraction de *frilly* (« frileuse ») et Elisabeth.

Générale Vicomtesse de Vibraye

Classification : *macrophylla.*

Origine : Émile Mouillère, Vendôme, France, 1908.

Inflorescence : en boule aplatie. Sépales des fleurs à bords entiers, pointus, se chevauchant faiblement, bleu ciel ou roses. Les fleurs, crème à l'ouverture, redeviennent jaune pâle nuancé de vert à l'automne.

Feuillage : feuilles elliptiques vert pâle, à bords finement dentés, pointues. L'aspect est mat.

Port : buisson ouvert. Les tiges, longues et fines, lui donnent un air naturel et désordonné. Bois fin.

Floribondité : très bonne. En cas de gel au printemps, les brins latéraux, protégés, prendront le relais.

Utilisation : protégé, dans toutes régions.

Intérêt : les teintes douces prennent leur relief dans un jardin ombré. Aussi en bouquets secs.

1,50 m	15 à 20 cm	mi-ombre à ombre	abondant	bonne	fin juin à oct.

Gloria

Classification : *macrophylla.*

Origine : Henri Cayeux, Le Havre, France, 1930.

Inflorescence : en boule. Fleurs à sépales se chevauchant, à bords irrégulièrement dentés et à sommet pointu dressé. La couleur est rose tendre, bleu pâle ou mauve très clair en sol acide.

Feuillage : feuilles de forme régulière, larges et plates, faiblement acuminées. Leur aspect est brillant.

Port : buisson ample et retombant. Bois très souple.

Floribondité : très bonne.

Utilisation : buisson très florifère pouvant être utilisé isolé ou en haie, le long d'un mur par exemple.

Intérêt : cette variété apportera une note de douceur et d'apaisement au jardin.

1,20 m	15 à 20 cm	mi-ombre	moyen	bonne	déb. juill. à fin sept.

Glyn Church

Classification : *macrophylla.*

Origine : Glyn Church, Nouvelle-Zélande, vers 1990.

Inflorescence : en petite boule. Fleurs stériles à 4 sépales ovales, à bords irréguliers et dentés, se chevauchant peu ou partiellement. La couleur blanche se tache et se pigmente de rose, puis prend une teinte rouge framboise vif en fin de floraison.

Feuillage : feuilles ovales, élancées et pointues, à bords faiblement dentés, plates, vert pâle puis d'une belle coloration bronze en fin de période.

Port : petit buisson très ouvert et retombant, plus large que haut. Le bois est fin.

Floribondité : très bonne. Remontant bien en août.

Utilisation : en pot ou en bordure de massif, en situation protégée des grosses intempéries.

Intérêt : les fleurs blanches supportent le soleil et les teintes rouges raniment le plaisir en fin d'été.

1,20 m	12 à 18 cm	mi-ombre	moyen	très bonne	fin juin à sept.

1,50 à 1,80 m	15 à 20 cm	mi-ombre	moyen	bonne	juill. et août

Goliath

Classification : *macrophylla.*

Origine : F. Matthes, Allemagne, 1923.

Inflorescence : en boule. Les fleurs stériles de couleur tendre rose ou mauve en fonction de la nature du sol, sont à 4 sépales très larges, presque cordiformes, à bords francs, pointus et se chevauchant.

Feuillage : grandes feuilles plates, ovales et larges, à bords dentés et à bout acuminé. L'aspect est gaufré.

Port : grand buisson poussant et arbustif. Bois long et ramifié, retombant un peu sous le poids des fleurs.

Floribondité : bonne.

Culture : rabattre cette variété pour la charpenter.

Utilisation : en situation lumineuse, mais protégée des à-coups thermiques, le long d'un mur ou en arrière de massif.

1,50 à 1,80 m	15 à 20 cm	soleil à mi-ombre	faible	très bonne	juill. et août

Grandiflora

Classification : *arborescens.*

Origine : Ohio, États-Unis. Introduit en Europe au début du XXe siècle.

Inflorescence : en boule demi-sphérique. Fleurs stériles blanc crème, à bords entiers, pointues, se chevauchant. Les inflorescences, très nombreuses, peuvent avoir sur le même buisson des formes et des tailles différentes.

Feuillage : feuilles arrondies et légèrement acuminées, vert mat, à denture régulière.

Port : souple, en buisson généreux et retombant.

Floribondité : très bonne. Sur le bois de l'année.

Culture : tailler les 3 premières années pour renforcer la plante et l'aider à supporter les inflorescences.

Utilisation : adaptée aux régions froides, elle fleurira même si le froid l'a rabattue au niveau du sol.

Intérêt : sauvage et naturel, 'Grandiflora' sera parfois plus à sa place que 'Annabelle', trop régulier.

1,20 m	10 à 15 cm	mi-ombre	moyen	moyenne	déb. juill. à août

Green Shadow

Classification : *macrophylla.*

Origine : fin des années 1990. Distribué par van Bergen/Hofstede aux Pays-Bas.

Inflorescence : en petite boule aplatie. Les fleurs stériles couvrent la surface de l'inflorescence de façon irrégulière. Sépales cordiformes, à bords francs, de couleur rouge écarlate nervuré de vert pomme.

Feuillage : feuilles elliptiques, à nervures irrégulières, acuminées, vert franc marginé de rouge, brillantes.

Port : petit buisson dressé.

Floribondité : bonne.

Utilisation : en pot, dans un patio ou un petit jardin protégé.

Intérêt : ce cultivar est captivant pour les nuances de ses inflorescences. À voir de très près.

Habsbourg

Classification : *macrophylla.*

Origine : W. Preisig (E. Haller), Suisse, 1960.

Inflorescence : en grosse boule demi-sphérique. Les fleurs stériles ont 4 ou 5 sépales à bords francs qui se chevauchent au départ et deviennent rapidement dentés. La couleur est rose foncé ou rouge.

Feuillage : feuilles dressées de forme ovale-elliptique, larges et irrégulièrement dentées, acuminées. L'aspect est gaufré et brillant.

Floribondité : bonne. Remontant en août.

Utilisation : en massif parmi d'autres plantes, pour les fleurs ou en pot.

Intérêt : des fleurs généreuses et de belle stature.

1,20 m	20 à 25 cm	mi-ombre	abondant	bonne	déb. juill. à août

Hamburg

Classification : *macrophylla.*

Origine : H. Schadendorff, Allemagne, 1931.

Inflorescence : en boule de grande taille. Les fleurs stériles ont 4 grands sépales à bords dentés, se chevauchant. La couleur est rose, pourpre ou mauve, voire bleue, en sol très acide. Elle vire au rouge vif, superbe pendant automne.

Feuillage : grandes feuilles arrondies, à bords très dentés, acuminées, mates et gaufrées, vert sombre.

Port : buisson large et retombant.

Floribondité : très bonne.

Culture : ne pas hésiter à le tailler pour des bouquets et augmenter la dimension des futures fleurs.

Intérêt : des fleurs étonnantes pour le jardin et des bouquets d'automne.

1,50 à 1,80 m	20 à 30 cm	soleil à mi-ombre	faible	très bonne	mi-juill. à oct.

Harlequin

Classification : *macrophylla.*

Origine : August Steiniger, Allemagne, 1957.

Inflorescence : en petite boule. Les fleurs stériles ont 4 sépales larges, à bords entiers, se chevauchant. La couleur est rouge au centre des sépales et blanche au pourtour. Les couleurs ne sont pas stables.

Feuillage : feuilles elliptiques, à bords légèrement dentés, pointues ou acuminées, gaufrées et brillantes.

Port : buisson sans forme. Le bois est fin, mais droit.

Floribondité : bonne.

Culture : nettoyer les fleurs en fin d'été.

Utilisation : isolé, sur une terrasse, protégé des gelées de printemps et des intempéries.

Intérêt : c'est vraiment pour sa fleur rouge bicolore étonnante que l'on adoptera ce cultivar.

1,20 m	12 à 18 cm	mi-ombre	abondant	moyenne	mi-juill. à août

1,50 à 1,80 m	15 à 25 cm	mi-ombre à ombre	moyen	bonne	déb. juill. à sept.

Heinrich Seidel

Classification : *macrophylla.*

Origine : D. Baardse, Pays-Bas, 1930.

Inflorescence : en boule demi-sphérique, grande sur la plante adulte. Les fleurs stériles ont des sépales entiers à l'ouverture, devenant irréguliers et dentés, rouges ou mauves, avec le cœur et des stries plus claires.

Feuillage : grandes feuilles ovales et pointues, à bords bien dentés, acuminées. L'aspect est gaufré et brillant.

Port : buisson vigoureux. Le bois est fort.

Floribondité : bonne.

Utilisation : en situation fraîche, protégé par un mur ou un feuillage, pour favoriser le développement.

Intérêt : une plante généreuse, qu'on observera de près pour la finesse des couleurs et des formes de ses fleurs. En situation protégée, on bénéficiera aussi des teintes subtiles d'automne des fleurs et du feuillage.

1 à 1,20 m	20 à 25 cm	mi-ombre	abondant	bonne	déb. juill. à sept.

Hobergine

Classification : *macrophylla.*

Origine : Koos et Wilco Hofstede, Pays-Bas, 1996.

Inflorescence : en boule. Fleurs stériles denses et en coupe, à sépales ovales, larges, se chevauchant. Les bords sont francs et l'extrémité est pointue. La couleur est pourpre, aubergine ou rose framboise en fonction de la nature du sol et de la lumière.

Feuillage : feuilles de forme elliptique, vert clair, plates et légèrement dentées. L'aspect est brillant.

Port : petit buisson large et formé.

Floribondité : bonne.

Utilisation : en petit massif, bien éclairé, ou en pot.

Intérêt : on jouera sur l'exposition pour la clarté des fleurs, et sur l'acidité et la présence d'alumine pour la couleur.

1,20 à 1,40 m	20 à 25 cm	mi-ombre	moyen	bonne	juill. à sept.-oct.

Holibel

Classification : *macrophylla.*

Origine : Koos et Wilco Hofstede, Pays-Bas, 1996.

Inflorescence : en boule aplatie. Les fleurs stériles, à sépales arrondis, à bords entiers ou légèrement dentés, se chevauchant légèrement, sont blanches. Les fleurs du pourtour s'ouvrent en premier, suivies par celles du centre, nombreuses et serrées.

Feuillage : feuilles elliptiques et concaves, pointues, mates, de couleur vert légèrement laiteux prenant des teintes roses en fin de saison. Le bois est fort et vire aussi au rose.

Port : grand buisson vigoureux et ouvert.

Floribondité : bonne.

Utilisation : en massif ou en haie, protégé du soleil en milieu de journée.

Intérêt : 'Holibel', mutation de 'Libelle', en a les qualités générales. Il peut lui être associé en massif.

Homigo

Classification : *macrophylla.*

Origine : Koos et Wilco Hofstede, Pays-Bas, 1997.

Inflorescence : en boule. Nombreuses petites fleurs stériles bleu pâle. Sépales très larges, à bords irréguliers, fortement dentelés. La couleur vire au vert, puis au vieux rouge en fin de saison.

Feuillage : feuilles bien formées, elliptiques, larges et plates, acuminées et à bords finement dentés.

Port : buisson rond bien formé et soigné. Bois fort.

Floribondité : très bonne.

Utilisation : isolé ou en massif dans une situation protégée des gelées printanières et du soleil du milieu de journée.

Intérêt : la couleur des fleurs change au cours de la période de floraison.

1,40 à 1,60 m	20 cm	mi-ombre	abondant	bonne	déb. juill. à sept.-oct.

Hopaline

Classification : *macrophylla.*

Origine : Koos et Wilco Hofstede, Pays-Bas, 1996.

Inflorescence : en boule. Très nombreuses fleurs stériles, de couleur blanc crème puis rose très pâle, bleu pâle ou opaline en sol acide, avec des reflets laiteux. Les sépales larges sont à bords irréguliers, fortement dentelés. La couleur vire au vert avec des reflets vieux rose en fin de saison.

Feuillage : feuilles bien formées, elliptiques, larges et plates, acuminées, à bords finement dentés.

Port : petit buisson rond, bien formé.

Floribondité : très bonne.

Utilisation : en situation lumineuse, mais protégée du soleil du milieu de journée. Convient très bien à la culture en pot.

Intérêt : les couleurs évoluent très progressivement.

1 m	20 cm	mi-ombre	abondant	bonne	déb. juill. à sept.-oct.

Horben

Classification : *macrophylla.*

Origine : W. Preisig (E. Haller), Suisse, 1974.

Inflorescence : en boule. Les fleurs stériles sont nombreuses et en coupe. Les sépales sont à bords entiers et se chevauchent irrégulièrement. La couleur est bleu mauve en sol acide, les fleurs devenant vieux rouge à l'automne.

Feuillage : feuilles épaisses et larges, elliptiques, pointues ou acuminées. L'aspect est gaufré.

Port : buisson compact et rond. Le bois est fort.

Floribondité : bonne.

Utilisation : en massif ou en haie sauvage, dans un parc ou un grand espace naturel.

Intérêt : ce cultivar très rustique pousse sans nécessiter de suivi particulier.

1 à 1,20 m	12 à 18 cm	soleil à mi-ombre	moyen	très bonne	déb. juill. à sept.

0,80 m	5 à 8 cm	mi-ombre	moyen	moyenne	fin juin à sept.

Hörnli

Classification : *macrophylla.*

Origine : F. Kobel, F. Schütz, Wädenswil, Suisse, 1952.

Inflorescence : en petite boule. Fleurs à 4 sépales ovales disjoints, rouges ou vieux rose.

Feuillage : nombreuses feuilles étroites et allongées, à bords incurvés.

Port : buisson aplati très fourni et bien formé. Très nombreux brins fins.

Floribondité : moyenne.

Utilisation : en bordure de massif ou en haie régulière de petite taille, protégé des gelées de printemps. Convient aussi à la culture en pot.

Intérêt : un petit buisson très touffu, des fleurs émergeant du feuillage pouvant créer la surprise sur des petites bordures d'allées.

1,30 à 1,50 m	12 à 18 cm	mi-ombre à ombre	moyen	bonne	juin à sept.

Iris

Classification : *macrophylla.*

Origine : August Steiniger, Allemagne, 1960.

Inflorescence : en boule aplatie. Fleurs stériles à 4 ou 5 sépales irréguliers, à bords entiers. Le sommet est irrégulier. Elles sont bleu ciel intense en sol acide.

Feuillage : feuilles de forme elliptique, larges et plates. Les bords sont faiblement dentés et l'extrémité est pointue.

Port : buisson large et retombant. Bois long et fin.

Floribondité : bonne.

Utilisation : en situation protégée des intempéries, en grand pot ou en terrasse.

Intérêt : une très longue floraison pour un grand cultivar, dont le système racinaire supporte bien d'être en pot. Sa couleur illumine un espace ombré.

1,20 à 1,40 m	20 à 25 cm	mi-ombre	abondant	bonne	déb. juill. à sept.

King George

Classification : *macrophylla.*

Origine : Emil Draps, Belgique, 1938.

Inflorescence : en grosse boule aplatie. Les fleurs stériles, serrées, ont 4 ou 5 sépales à bords entiers et à bout légèrement pointu, se chevauchant. La couleur va du rose très soutenu au rouge fuchsia.

Feuillage : feuilles de forme elliptique, larges, à bords faiblement dentés et à extrémité acuminée. L'aspect est mat et gaufré.

Port : buisson compact et formé.

Floribondité : très bonne.

Utilisation : en pot ou isolé, en situation protégée du vent.

Intérêt : une plante aux couleurs très toniques en début d'été.

Kluis Sensation

Classification : *macrophylla.*

Origine : F. M. Kluis, Pays-Bas.

Inflorescence : en boule. Les fleurs stériles sont petites, composées de 4 sépales de forme ovale et entiers, joints à la base. La couleur est rose pâle ou bleu pâle, blanchissant au mois d'août.

Feuillage : grandes feuilles larges et bien nervurées, de couleur vert pâle. L'aspect est mat.

Port : buisson à grand développement. Le bois est fin et ploie sous le poids des grosses inflorescences.

Floribondité : bonne.

Utilisation : en massif isolé, à un emplacement lumineux et protégé des fortes pluies et des gelées.

Intérêt : une floraison hâtive très généreuse dans des tons pâles qui habilleront un arrière-plan sombre.

1,50 à 1,80 m	15 à 20 cm	mi-ombre	moyen	bonne	déb. juill. à août

Kluis Superba

Classification : *macrophylla.*

Origine : F. M. Kluis, Pays-Bas, 1932.

Inflorescence : en boule. Fleurs stériles nombreuses et serrées, à 4 sépales entiers, légèrement pointus, se chevauchant. La couleur est rose ou bleu indigo doux en début de floraison, prenant vite des tons pastel violacés. La couleur d'automne est vieux rouge.

Feuillage : feuilles ovales, épaisses et brillantes, à bords lisses et à pointe souvent torsadée. La forme rappelle les feuilles d'oranger.

Port : grand buisson souple et large, retombant sous le poids des nombreuses fleurs. Bois long.

Floribondité : très bonne.

Utilisation : en situation dégagée, en haie, à l'arrière d'une pelouse, au pied d'un mur ou d'un bosquet.

Intérêt : ce croisement de 'Maréchal Foch' et de 'La Marne' en possède toutes les qualités.

1,60 à 1,80 m	15 à 20 cm	mi-ombre à ombre	abondant	très bonne	mi-juill. à oct.

Königin Wilhelmina

Classification : *macrophylla.*

Origine : D. Baardse, Pays-Bas, 1922.

Inflorescence : en grosse boule. Fleurs stériles à 4 sépales larges, à bords entiers ou irréguliers, pointus, se chevauchant. La couleur est franche, du rose au mauve en sol acide.

Feuillage : grandes feuilles de forme ovale, finement dentées et acuminées. L'aspect est mat.

Port : grand buisson vigoureux et ouvert. Longues tiges sur du gros bois.

Floribondité : bonne.

Utilisation : en zone protégée des gelées de printemps et du soleil trop vif. Une bonne luminosité favorisera la pigmentation des fleurs.

Intérêt : de superbes fleurs séchées, vert pâle avec des teintes rouges.

1,60 à 1,80 m	20 à 25 cm	mi-ombre	moyen	moyenne	juill. à oct.

Mes bleus les plus voluptueux

Bleu de France, bleu azur, bleu cobalt ou bleu marine. Bleu de la mer et bleu du ciel qui constituent la vigueur et le charme de la « fleur de Bretagne ».

Page de gauche, de haut en bas

All Summer Beauty

Boule de petites fleurs de couleur bleu pâle très lumineux. Pour un été tout en beauté.
▷ Voir p. 33

Enziandom

Inflorescence en grosse boule bien formée d'un bleu étincelant. Sa couleur rappelle celle de la gentiane.
▷ Voir p. 44

Page de droite, de haut en bas et de gauche à droite

Kühnert

Des fleurs en boule compacte, jaunes à l'éclosion, virant au bleu ciel.
▷ Voir p. 56

Blaüling

Fleurs de couleur tendre, à sépales plats, larges et arrondis, ondulant comme une vague…
▷ Voir p. 87

Adria

Des fleurs bleu roi, dont la couleur rappelle la mer Adriatique.
▷ Voir p. 32

Universal

Boule généreuse d'un beau bleu intense.
▷ Voir p. 82

Horben

Nombreuses fleurs en coupe bleu mauve, qui revêtent une parure vieux rose à l'automne.
▷ Voir p. 51

1,50 à 1,70 m	15 à 20 cm	mi-ombre à ombre	moyen	bonne	juill. à sept.

Kühnert

Classification : *macrophylla.*

Origine : le nom complet de ce cultivar est 'Gartenbaudirektor Kühnert'.

Inflorescence : en boule. Fleurs stériles nombreuses, à 4 sépales larges, à bords entiers et se chevauchant. La couleur est jaune au début, puis bleu ciel en sol acide. Les fleurs sèchent bien et virent au vert tendre à l'ombre. Elles fanent plus facilement au soleil.

Feuillage : grandes feuilles larges et plates. Les bords sont régulièrement dentés, l'extrémité est acuminée.

Port : buisson dressé. Le bois long et fin peut ployer sous le poids des nombreuses inflorescences.

Floribondité : très bonne.

Utilisation : en massif, protégé des intempéries et du soleil de l'après-midi.

Intérêt : une variété rustique, très remontante en août.

1,20 à 1,40 m	15 à 20 cm	soleil à mi-ombre	moyen	très bonne	mi-juill. à sept.

La France

Classification : *macrophylla.*

Origine : Émile Mouillère, Vendôme, France, 1910.

Inflorescence : en boule demi-sphérique. Les sépales des fleurs stériles sont plats, à bords entiers, pointus. La couleur est rose ou bleu pâle en fonction de la nature du sol.

Feuillage : grandes feuilles de forme elliptique, à bords finement dentés et à extrémité pointue. L'aspect est brillant.

Port : buisson droit et ouvert.

Floribondité : bonne.

Utilisation : en situation lumineuse, mais protégée du soleil de l'après-midi.

Intérêt : une variété remontante, à utiliser pour des bouquets de fleurs séchées vertes.

1,20 à 1,40 m	20 à 25 cm	soleil à mi-ombre	moyen	très bonne	mi-juill. à oct.

La Marne

Classification : *macrophylla.*

Origine : Émile Mouillère, Vendôme, France, 1917.

Inflorescence : en grosse boule. Les fleurs stériles ont 4 ou 5 grands sépales de taille irrégulière, à bords fortement dentés et à sommet pointu, se chevauchant. La couleur est rose, magenta ou mauve.

Feuillage : belles feuilles larges de forme ovale, à bords dentés, à pointe acuminée. L'aspect est gaufré.

Port : buisson trapu. Le bois est fort.

Floribondité : très bonne.

Utilisation : en massif, en haie ou en bordure d'allée, dans toutes régions.

Intérêt : une superbe fleur aux couleurs douces de fin de saison et d'automne.

Lady Fujiyo

Classification : *macrophylla.*

Origine : Hiroshi Ebihara, Japon, 1960. Distribué en Europe par van Rijswijk.

Inflorescence : en boule demi-sphérique. Fleurs stériles à 4 sépales elliptiques, à bords entiers ou dentés de façon irrégulière, joints à la base. Le cœur des sépales est bleu ou mauve soutenu et le pourtour blanc crème.

Feuillage : feuilles elliptiques, à bout pointu, incurvées. L'aspect est gaufré.

Port : buisson dru. Bois droit.

Floribondité : bonne. Remontant en août.

Culture : nettoyer les fleurs fanées en fin d'été.

Utilisation : en massif protégé du soleil, dans un sol bien drainé. La plante est fragile.

Intérêt : pour les passionnés des fleurs bicolores.

1,40 m	10 à 15 cm	mi-ombre à ombre	abondant	moyenne	déb. juill. à août

Lady Mariko

Classification : *macrophylla.*

Origine : Hiroshi Ebihara, Japon, 1960. Distribué en Europe par van Rijswijk.

Inflorescence : en boule aplatie. Fleurs stériles à 4 sépales larges, à bords dentés et se chevauchant. La couleur est bleu ou rose au cœur des sépales et blanche en pourtour.

Feuillage : feuilles elliptiques, très larges, acuminées. L'aspect est nervuré et la couleur vert sombre.

Port : buisson dru et large. Le bois est court et droit.

Culture : nettoyer les fleurs fanées en fin d'été.

Floribondité : très bonne.

Utilisation : en situation protégée du gel. La plante est aussi très élégante dans un grand pot.

Intérêt : de la série des ladies japonaises. Elle est sublime pour la couleur double de ses fleurs.

1,20 à 1,40 m	15 à 20 cm	m -ombre à ombre	abondant	moyenne	mi-juill. à août

Lancelot

Classification : *macrophylla.*

Origine : J. Wintergalen, Allemagne, 1920.

Inflorescence : en boule. Fleurs stériles à sépales irréguliers et dentés, se chevauchant. Les nervures sont prononcées. La couleur est rose soutenu ou bleu clair en fonction de la nature du sol.

Feuillage : feuilles ovales longues, à bords à grosse denture. L'extrémité est acuminée. La couleur est vert franc se marginant de rouge. L'aspect est brillant.

Port : petit buisson compact et bien rond.

Floribondité : très abondante.

Utilisation : en massif isolé ou en bordure d'allée, dans toutes régions.

Intérêt : de très belles couleurs d'automne, vert tendre et rouge.

1 à 1,20 m	15 à 20 cm	mi-ombre à ombre	abondant	très bonne	juill. à sept.-oct.

1,20 m	10 à 15 cm	soleil à ombre	moyen	bonne	déb. juill. à oct.

Land Express

Classification : *macrophylla.*

Origine : Draps-Dom, Belgique, 1959.

Inflorescence : en boule aplatie. Les sépales bleu mauve sont dentelés. Pendant toute la période d'ouverture des fleurs, le cœur des sépales est jaune et on aperçoit les nervures.

Feuillage : feuilles vert franc de forme régulière, en pointe et légèrement incurvées. Les nervures sont très proéminentes sur le revers des feuilles.

Port : buisson court et légèrement aplati.

Floribondité : moyenne.

Utilisation : en haie ou en massif de petite taille.

Intérêt : une variété rustique à longue floraison, à associer avec d'autres hortensias comme 'Bodensee' pour enrichir une petite haie à découvert.

1,50 à 1,80 m	15 à 20 cm	mi-ombre à ombre	abondant	moyenne	fin juill. à sept.

Lausanne

Classification : *macrophylla.*

Origine : A. Gyselinck, Belgique, 1960.

Inflorescence : en petite boule. Fleurs stériles à 4 sépales ovales et pointus, se chevauchant en partie. La couleur est bleu roi ou mauve en sol acide.

Feuillage : feuilles étroites et longues, elliptiques et pointues. Les bords sont faiblement dentés et souvent ourlés. La couleur est vert pâle. L'aspect est mat.

Port : buisson élancé, droit, mais les longues tiges peuvent ployer sous le poids des inflorescences.

Floribondité : bonne.

Utilisation : en massif protégé du soleil fort et des intempéries.

Intérêt : des couleurs limpides du bleu tendre au mauve profond.

1 à 1,20 m	12 à 18 cm	mi-ombre à ombre	moyen	très bonne	juill. à sept.

Le Cygne

Synonyme : 'White Swan'.

Classification : *macrophylla.*

Origine : Henri Cayeux, Le Havre, France, 1919.

Inflorescence : en boule aplatie. Fleurs stériles à sépales fortement et irrégulièrement dentés, à bout pointu, se chevauchant. La couleur est blanc crème en début de floraison, virant au rose puis au rouge.

Feuillage : feuilles de forme elliptique, plates, à bout pointu ou acuminé. L'aspect est mat.

Port : arbuste robuste et vigoureux.

Floribondité : très bonne.

Utilisation : isolé ou en massif, supportant plus le soleil que beaucoup d'autres hortensias blancs.

Intérêt : une variété rustique et peu exigeante, à grande floribondité.

Lemmenhoff

Classification : *macrophylla.*

Origine : August Steiniger, Allemagne, 1947.

Inflorescence : en petite boule. Grandes fleurs stériles, à 4 ou 5 sépales ovales, à bords entiers ou irréguliers, se chevauchant. La couleur est variable selon la nature du sol, du rose magenta au parme, virant au rose franc puis au rouge, ou bleue.

Feuillage : feuilles larges de forme ovale, plates, à nervures blanches. La couleur est vert clair, se marginant de rouge, puis brunissant à l'automne.

Port : buisson fourni et rond.

Floribondité : très bonne.

Utilisation : en massif, parmi d'autres plantes, dans un endroit bien aéré.

Intérêt : une belle variété remontante, les fleurs fraîches mauve pâle se mêlant aux premières fleurs roses.

1,20 à 1,40 m	10 à 15 cm	mi-ombre à ombre	moyen	très bonne	déb. juill. à sept.

Leuchtfeuer

Classification : *macrophylla.*

Origine : Hermann Dienemann, Allemagne, 1962.

Inflorescence : en boule aplatie. Les fleurs stériles ont 4 ou 5 sépales se chevauchant, à bords entiers, pointus en angle droit, de couleur rouge très lumineux, avec de belles nuances mauves en sol acide.

Feuillage : feuilles de forme ovale arrondie, à bords nettement dentés et à bout longuement acuminé. L'aspect est brillant.

Port : buisson très droit et vigoureux.

Floribondité : très bonne.

Culture : nettoyer les fleurs en fin d'été.

Utilisation : en arrière de massif ou en contrebas d'une allée.

Intérêt : de très belles fleurs d'été, à utiliser pour des bouquets de fleurs fraîches.

1,40 à 1,60 m	20 cm	mi-ombre	abondant	bonne	juill.

LK 49

Classification : *macrophylla.*

Origine : Kientzler, Allemagne, après 1985.

Inflorescence : en boule aplatie. Fleurs stériles du rose fuchsia au mauve profond, à 4 sépales de taille irrégulière, larges et disjoints à la base, ovales, à bords francs. La couleur d'automne est rouge framboise.

Feuillage : feuilles de forme ovale, plates, bien nervurées et d'aspect brillant.

Port : buisson rond et aplati. Le bois supporte avec peine les nombreuses inflorescences.

Floribondité : très bonne.

Culture : tailler cette plante pour la charpenter.

Utilisation : en massif aéré, dans un endroit pas trop humide, ou en avant d'un grand massif clair.

Intérêt : un double ravissement, en été et en automne.

1,20 à 1,40 m	15 cm	soleil à mi-ombre	moyen	très bonne	mi-juill. à oct.

1,30 à 1,50 m	15 à 20 cm	mi-ombre à ombre	moyen	bonne	juill. à oct.

Madame Émile Mouillère

Classification : *macrophylla.*

Origine : Émile Mouillère, Vendôme, France, 1909.

Inflorescence : en boule de grande taille. Fleurs à 4 sépales réguliers, finement dentelés en fin de croissance. La couleur d'un blanc pur est crème vert pâle en début de floraison et en manque de lumière. Les fleurs rosissent en fin d'été, se mélangeant en septembre aux jeunes fleurs remontantes.

Feuillage : grandes feuilles régulières et plates, vert franc ou très sombre en situation ombragée.

Port : souple et retombant, plus large que haut.

Floribondité : très bonne.

Utilisation : isolé, en massif sous un couvert, aussi dans un grand pot.

Intérêt : un des plus intéressants hortensias blancs, obtension centenaire promise à un bel avenir.

1,10 à 1,30 m	12 à 18 cm	mi-ombre à ombre	moyen	bonne	déb. juill. à août

Madame Faustin Travouillon

Synonyme : 'Peacock'.

Classification : *macrophylla.*

Origine : Barillet, France, 1930.

Inflorescence : en boule. Les fleurs stériles ont 4 sépales ovales, à bords entiers, pointus et joints à la base, jaune crème puis rose pâle ou bleu pâle.

Feuillage : grandes feuilles plates, elliptiques, à bords faiblement dentés. L'aspect est gaufré et brillant.

Port : grand buisson souple, qui peut être retombant en cas d'excès d'humidité. Le bois est long et fin.

Floribondité : très bonne.

Utilisation : en massif situé dans un endroit lumineux et protégé des intempéries.

Intérêt : belle plante proche de 'Générale Vicomtesse de Vibraye', mais plus petite et au port plus ferme.

1,60 à 2 m	10 à 15 cm	mi-ombre à ombre	moyen	très bonne	fin juill. à sept.

Madame Gilles Goujon

Classification : *macrophylla.*

Origine : Émile Mouillère, Vendôme, France, 1912.

Inflorescence : en boule demi-sphérique. Fleurs stériles à 4 sépales, à bords entiers, pointus, ne se chevauchant pas ou peu à la base, blanc pur, parfois légèrement teinté de rose ou bleu pâle.

Feuillage : feuilles ovales, à bords faiblement dentés, acuminées, plates, vert clair. L'aspect est mat.

Port : buisson élégant, élancé, en coupe ouverte. Le bois, long et fin, supporte les inflorescences latérales.

Floribondité : très bonne.

Utilisation : le long d'un mur ou en situation protégée du soleil et des pluies trop fortes qui peuvent abîmer les fleurs.

Intérêt : un des hortensias blancs les plus grands et les plus majestueux.

Madame Plumecoq

Classification : *macrophylla.*

Origine : Draps-Dom, Belgique, avant 1958.

Inflorescence : en boule. Fleurs stériles à 4 sépales, à bords irrégulièrement dentés, se chevauchant partiellement. La couleur est douce, rose ou mauve en fonction de la nature du sol.

Feuillage : grandes feuilles peu épaisses, à bords nettement dentés et à bout acuminé ou pointu. L'aspect est mat et bien nervuré.

Port : buisson souple et irrégulier.

Floribondité : très bonne.

Utilisation : en situation protégée, mais aérée.

Intérêt : un superbe camaïeu de fleurs très pâles sur le même buisson, à utiliser pour des bouquets de fleurs fraîches.

1,40 à 1,60 m	10 à 15 cm	mi-ombre à ombre	abondant	moyenne	mi-juill. à sept.

Maman

Classification : *macrophylla.*

Origine : J. C. Dublanchet, France, 1966.

Inflorescence : en grosse boule, large et bien formée. Sépales des fleurs stériles à bords entiers, pointus. La couleur va du rose soutenu en sol neutre au rouge uni en sol alcalin.

Feuillage : feuilles ovales très larges, à bords régulièrement dentés et à bout acuminé, de couleur vert franc.

Port : buisson généreux et large. Gros bois.

Floribondité : très bonne.

Utilisation : en situation protégée de l'excès de chaleur et d'humidité.

Intérêt : une belle variété rouge, généreuse et dont la floraison ne s'éteint pas à la fin de l'été.

1,50 à 1,80 m	15 à 25 cm	soleil à mi-ombre	abondant	moyenne	juill. à sept.

Maréchal Foch

Classification : *macrophylla.*

Origine : Émile Mouillère, Vendôme, France, 1924.

Inflorescence : en boule. Les fleurs stériles ont 4 sépales entiers, plats, à sommet irrégulier, se chevauchant peu quand ils sont à maturité. La couleur est rose, mauve ou bleu roi en fonction de la nature du sol.

Feuillage : feuilles larges, à bords régulièrement dentés, à pointe acuminée, plates et brillantes.

Port : grand buisson généreux.

Floribondité : bonne.

Utilisation : facile dans beaucoup de situations et dans la plupart des régions.

Intérêt : une variété peu sensible aux gelées printanières.

1,40 à 1,80 m	20 à 25 cm	soleil à mi-ombre	moyen	très bonne	juill. à sept.

1,40 à 1,60 m	15 à 25 cm	mi-ombre	moyen	bonne	déb. juill. à août

Marie-Claire

Classification : *macrophylla.*

Origine : J. C. Dublanchet, France, 1965.

Inflorescence : en boule aplatie. Fleurs stériles à sépales joints à la base, se chevauchant, à bords irrégulièrement dentés. La couleur est rose pâle ou bleu opalin.

Feuillage : feuilles de forme arrondie, à bords régulièrement dentés et à bout acuminé, vert mat prenant de très belles teintes jaunes et rouges à l'automne.

Port : buisson rond et bien formé en pleine lumière.

Floribondité : bonne. Légèrement remontant en septembre.

Utilisation : en massif, dans un endroit aéré et lumineux.

Intérêt : des teintes de fleurs très claires et un beau feuillage d'automne. De belles fleurs sèches.

1,20 à 1,40 m	10 à 15 cm	mi-ombre à ombre	abondant	très bonne	déb. juill. à sept.

Marie-Louise Dussine

Classification : *macrophylla.*

Origine : Paul Dussine, Angers, France, 1985.

Inflorescence : en boule aplatie. Les fleurs stériles ont 4 sépales larges, à bords irrégulièrement dentés, se chevauchant. La couleur blanche est irisée de rose ou de mauve en début de floraison. Cette coloration s'atténue ensuite et la fleur devient blanc cassé.

Feuillage : feuilles arrondies, à extrémité acuminée, à bords bien dentés. L'aspect est brillant et gaufré.

Port : buisson large et bombé. Bois fort et court.

Floribondité : bonne.

Utilisation : en massif de la même variété, en terrain frais et protégé du soleil, devant un mur par exemple.

Intérêt : de très belles teintes, changeantes d'un pied à l'autre et évoluant pendant l'été.

1,20 à 1,50 m	10 à 15 cm	mi-ombre à ombre	moyen	bonne	juill. et août

Mascotte

Classification : *macrophylla.*

Origine : Louis Mouillère, Vendôme, France, 1952.

Inflorescence : en petite boule. Les sépales des fleurs stériles sont à bords irréguliers et à extrémité pointue. La couleur va du rouge au violine.

Feuillage : feuilles de forme elliptique, à bords dentés et à bout acuminé. L'aspect est gaufré.

Port : buisson vigoureux. Le bois est petit, mais les tiges sont longues.

Floribondité : bonne.

Culture : le protéger des gelées de printemps.

Intérêt : de beaux bouquets de fleurs fraîches à longues tiges.

Mathilda Gütges

Classification : *macrophylla.*

Origine : August Steiniger, Allemagne, 1946.

Inflorescence : en petite boule aplatie. Les fleurs stériles sont à sépales irrégulièrement dentés. La couleur est bleu profond en terre acide.

Feuillage : feuilles de forme elliptique, plates, faiblement dentées. L'aspect est brillant.

Port : buisson large et souple.

Floribondité : très bonne.

Utilisation : en massif, isolé ou en grand pot, dans toutes régions.

Intérêt : une couleur intense en fleurs fraîches, restant très décoratives pendant l'automne.

1,30 à 1,50 m	10 à 15 cm	soleil à mi-ombre	moyen	très bonne	mi-juill. à sept.

Merkur

Classification : *macrophylla.*

Origine : Brugger, Allemagne, avant 1978.

Inflorescence : en petite boule. Les fleurs stériles sont à 4 ou 5 sépales ovales et pointus, de couleur rouge profond à violine.

Feuillage : petites feuilles de couleur vert doux, ovales, larges et en cuiller. L'extrémité est pointue.

Port : en petit buisson large et ouvert. Le bois est court.

Floribondité : bonne. Remontant en août.

Utilisation : en massif de la même variété, protégé des gelées de printemps.

Intérêt : la couleur rouge de ses nombreuses petites fleurs flamboyant au soleil du soir.

1,20 m	10 à 15 cm	mi-ombre	moyen	bonne	juill. et août

Merveille

Classification : *macrophylla.*

Origine : Henri Cayeux, Le Havre, France, 1927.

Inflorescence : en boule. Les fleurs stériles sont d'un rose intense, à 4 sépales arrondis.

Feuillage : grosses feuilles bien formées, épaisses, à bords dentés. L'aspect est brillant et la couleur est d'un vert soutenu.

Port : buisson robuste. Le gros bois a une croissance rapide.

Floribondité : bonne.

Culture : nettoyer les fleurs fanées en fin d'été.

Utilisation : une très vive couleur pour un jardin d'été, en évitant les emplacements trop humides.

1,20 m	10 cm	mi-ombre	moyen	moyenne	juill. et août

1,10 à 1,30 m	12 à 18 cm	soleil à ombre	abondant	moyenne	juill. et août

Merveille Sanguine

Classification : *macrophylla.*

Origine : Henri Cayeux, Le Havre, France, 1939.

Inflorescence : en petite boule. Les fleurs stériles sont à sépales entiers, irréguliers, se chevauchant. La couleur est rouge sanguin ou pourpre en sol acide.

Feuillage : feuilles épaisses, d'aspect brillant, gaufrées et torturées. La couleur est vert sombre, devenant bronze en cours d'été.

Port : petit buisson dru. Le bois est fort, court et rigide.

Floribondité : bonne.

Culture : nettoyer les fleurs en fin de floraison.

Utilisation : en situation aérée et sans excès d'humidité.

Intérêt : des couleurs de fleurs et de feuillage étonnantes, pour un jardin d'été.

1 à 1,20 m	15 à 20 cm	mi-ombre à ombre	abondant	moyenne	fin juin à août

Miraï

Classification : *macrophylla.*

Origine : Mototeru Yatabe, Japon, vers 1990.

Inflorescence : en boule aplatie. Sépales des fleurs de forme elliptique irrégulière, à bords entiers. Rouges à l'éclosion, ils virent au blanc marginé de rose, puis blanc rosé avec un fin liseré rose foncé.

Feuillage : feuilles elliptiques, longues et plates, pointues ou acuminées, de couleur bronze à nervures vertes, puis vert clair au centre et sombre à nouveau.

Port : buisson élancé et arrondi. Bois droit et brun.

Floribondité : bonne.

Culture : le protéger des gelées de printemps et nettoyer les fleurs en fin d'été.

Utilisation : en bordure ou en massif parmi d'autres variétés ou plantes.

Intérêt : une variété fragile, mais une fleur bicolore superbe qui mérite une place de choix dans le jardin.

1,20 à 1,40 m	20 à 25 cm	ombre	abondant	moyenne	mi-juill. à sept.

Miyakejima Temari

Classification : *macrophylla.*

Origine : Japon.

Inflorescence : en grande boule aplatie. Les fleurs fertiles sont entièrement recouvertes par les fleurs stériles. Fleurs stériles à 4 sépales en losange, à bords entiers ou irréguliers, pointus, ne se chevauchant pas. La couleur est blanche, les fleurs fertiles sont bleues.

Feuillage : grandes feuilles de forme elliptique, dentées, plates et pointues. L'aspect est brillant.

Port : buisson large et ouvert.

Floribondité : bonne.

Utilisation : en massif, parmi d'autres variétés pour les rehausser par sa floraison tardive, en sous-bois ou dans un endroit frais.

Intérêt : de grandes inflorescences graciles et douces, moins formelles que les variétés à forme globuleuse.

Montfort Perle

Classification : *macrophylla.*

Origine : Brugger, Allemagne, 1946.

Inflorescence : en boule. Fleurs stériles à 4 ou 5 sépales en losange, à bords francs, pointus, se chevauchant peu, rose franc en sol neutre ou bleu roi en sol acide.

Feuillage : grandes feuilles, fines et plates. Les bords sont régulièrement dentés et l'extrémité est acuminée. La couleur vert tendre fonce facilement à l'ombre.

Port : grand buisson.

Floribondité : très bonne.

Culture : le feuillage, délicat, est sensible à l'oïdium et aux insectes. Un traitement n'est pas nécessaire si la plante est dans un endroit sain et aéré.

Intérêt : les fleurs sèchent et prennent de douces couleurs vert-de-gris ou vieux rose suivant l'exposition.

1,40 à 1,60 m	12 à 18 cm	mi-ombre à ombre	abondant	moyenne	déb. juill. à sept.

Montgomery

Classification : *macrophylla.*

Origine : Draps-Dom, Belgique, 1945.

Inflorescence : en petite boule bien ronde. Fleurs stériles à 4 ou 5 sépales plats, de forme ovale arrondie, se chevauchant peu, rouge rubis en sol alcalin, magenta ou pourpre, avec le cœur bleu, en sol acide.

Feuillage : feuilles elliptiques, à bords dentés, bien acuminées, vert tendre facilement marginé de rouge.

Port : buisson trapu et dressé.

Floribondité : bonne.

Utilisation : en massif parmi d'autres variétés, pour enrichir la palette des couleurs.

Intérêt : les couleurs de ce cultivar sont uniques et irremplaçables. Sous la pluie, les fleurs, plates, se collent les unes aux autres, pour former une boule brillante, presque parfaite.

1,30 à 1,50 m	10 à 15 cm	mi-ombre	abondant	bonne	juill. à sept.

Mousseline

Classification : *macrophylla.*

Origine : Victor Lemoine, France, 1909.

Inflorescence : en grosse boule. Fleurs stériles à 4 sépales ovales, plats et entiers, ne se chevauchant pas, de couleur rose pâle ou bleu opalin en fonction du sol.

Feuillage : grandes feuilles plates et arrondies, à bords régulièrement dentés, bien acuminées. L'aspect est mat.

Port : grand buisson souple.

Floribondité : très bonne. Remontant fin août et septembre.

Utilisation : en espace dégagé, dans un endroit protégé du soleil de l'après-midi.

Intérêt : une plante majestueuse et souple, belle à l'automne quand les fleurs fraîches s'interposent parmi les premières devenues vert tendre.

1,50 à 1,80 m	20 à 25 cm	mi-ombre	abondant	très bonne	déb. juill. à sept.

Mes roses les plus somptueux

Rose soutenu, rouge-rosé, fuchsia, toutes les nuances s'enrichissent et se complètent dans la gamme des variétés d'hortensias roses. L'acidité du sol vient malicieusement ajouter les nuances d'un bouton bleu ou d'une tache mauve sur les sépales.

Page de gauche,
de haut en bas

Fiançailles

Une couleur de fleur rose tendre, si romantique, au cœur encore virginal…

Massif fleuri

La douceur printanière de cet hortensia rose pastel, aux grandes fleurs plates, va bientôt s'affermir sous le soleil d'été.

Page de droite,
de haut en bas et
de gauche à droite

Rome

Fleurs serrées en cornet, à sépales larges rouge étincelant. En sol acide, un bouton bleu se tapit au cœur de la fleur.
▷ Voir p. 73

Aarburg

Profusion des petites fleurs en losange de couleur rouge cerise à mauve.

Val du Loir

Grandes fleurs à sépales en forme de cœur rose. Une belle floraison pour le plein été.
▷ Voir p. 82

Massif fleuri

L'assurance d'un été sous le signe de la vitalité et de la gaieté…

Paris

Belles fleurs de ton rose soutenu pour un grand espace ensoleillé.
▷ Voir p. 69

1,20 m	10 à 15 cm	mi-ombre à ombre	moyen	moyenne	juill.

Mrs Kumiko

Synonyme : 'Aska'.

Classification : *macrophylla.*

Origine : Sakamoto, Shoji, Japon.

Inflorescence : en petite boule. Grandes fleurs stériles, à 4 ou 5 sépales fins et à bords dentés, de couleur rose franc à magenta en sol acide.

Feuillage : feuilles elliptiques, à bords finement dentés. L'extrémité est bien acuminée. L'aspect est mat.

Port : petit buisson irrégulier.

Floribondité : très bonne.

Utilisation : en massif, au milieu d'autres variétés, dans un endroit sain et aéré.

Intérêt : un régal pour les fleurs à couper en début d'été. Malheureusement, elles fanent ensuite très vite, et le buisson doit être nettoyé.

1 à 1,20 m	15 cm	mi-ombre à ombre	abondant	moyenne	déb. juill. à août

Nigra

Synonymes : 'Kuro Jiku', 'Mandshurica'.

Classification : *macrophylla.*

Origine : introduit du Japon en France dès 1880.

Inflorescence : en boule. Fleurs stériles à 4 sépales plats en losange, à bout pointu, se chevauchant peu, de couleur rose tendre ou bleu très pâle suivant le sol.

Feuillage : feuilles elliptiques plates, longues et pointues, à bords très finement dentés, d'aspect mat.

Port : buisson dressé et souple. Longues tiges noires pouvant courber sous le poids des inflorescences.

Floribondité : très bonne.

Utilisation : en situation protégée des gelées de printemps et de l'excès d'humidité.

Intérêt : des tiges noires dans un buisson aux formes rondes et claires.

1 à 1,50 m	10 à 15 cm	mi-ombre à ombre	moyen	très bonne	déb. juill. à oct.

Nikko Blue

Classification : *macrophylla.*

Origine : Japon.

Inflorescence : en boule aplatie. Fleurs stériles rose tendre ou bleu pâle, à 4 sépales entiers et à bout légèrement pointu, se chevauchant irrégulièrement.

Feuillage : feuilles elliptiques, larges et régulièrement dentées, acuminées. L'aspect est finement gaufré.

Port : buisson dense et ouvert. 'Nikko Blue' atteint jusqu'à 1,50 m en situation ombrée. Les tiges, longues, peuvent ployer sous le poids des fleurs.

Floribondité : très bonne.

Utilisation : à l'intérieur d'un massif d'autres variétés ou plantes, en situation protégée, pour éclairer.

Intérêt : son bleu sert de référence pour comparer la plupart des *macrophylla*. Il est apprécié dans les régions plus froides, car florifère et très remontant.

Nymphe

Synonyme : 'Pax'

Classification : *macrophylla.*

Origine : Hermann Dienemann, Allemagne, 1962.

Inflorescence : en boule très aplatie et dense. Fleurs stériles blanc pur, à 4 sépales irréguliers, très dentés. La couleur se pigmente de rose en fin de floraison.

Feuillage : feuilles de forme elliptique, en V, à bords grossièrement dentés et à extrémité très pointue, lisses et brillantes. La couleur est vert marginé de brun.

Port : petit buisson large et plat.

Floribondité : bonne.

Culture : le protéger des gelées de printemps et nettoyer les fleurs en fin de floraison.

Utilisation : en pot, le long d'un mur, protégé du vent et des grosses pluies, ou sous une fenêtre, parmi des variétés de plus grande dimension.

1 m	12 à 18 cm	mi-ombre à ombre	abondant	moyenne	fin juin à juill.

Otaksa

Classification : *macrophylla.*

Origine : Japon. Variété très ancienne importée par Philipp Franz von Siebold en Europe en 1830.

Inflorescence : en grosse boule. Petites fleurs stériles, à 4 sépales en losange, à bords francs, se chevauchant peu, de couleur claire, blanc crème à rose pâle ou bleu pâle suivant le sol. Les fleurs sèches sont vert tendre.

Feuillage : grandes feuilles de forme elliptique, plates, finement dentées et nervurées. La couleur est vert clair et les nervures sont blanches.

Port : grand buisson large et bien formé.

Floribondité : très bonne.

Utilisation : en grand massif ou en bordure de mur, en évitant le soleil de l'après-midi.

Intérêt : une variété rustique à l'origine de quantité de cultivars en Europe.

1,80 à 2 m	25 à 30 cm	mi-ombre	moyen	bonne	juill. à oct.

Paris

Classification : *macrophylla.*

Origine : Émile Mouillère, Vendôme, France, 1928.

Inflorescence : en boule. Les fleurs stériles sont à 4 sépales pointus, à bords dentés, se chevauchant. La couleur est rose soutenu, devenant rouge en fin de floraison.

Feuillage : feuilles larges, à bords très dentés et à extrémité bien acuminée. L'aspect est gaufré. La couleur est vert sombre, se marginant de rouge.

Port : buisson large et fourni.

Floribondité : très bonne.

Utilisation : en massif, dans un grand espace éclairé.

Intérêt : une très belle fin de floraison.

1,20 à 1,40 m	15 à 20 cm	soleil à ombre	abondant	très bonne	juill. à sept.-oct.

1,20 à 1,40 m	15 à 20 cm	mi-ombre à ombre	abondant	très bonne	juill. à sept.

Parzifal

Classification : *macrophylla.*

Origine : J. Wintergalen, Allemagne, 1922.

Inflorescence : en boule. Les fleurs stériles ont 4 sépales à bords irréguliers et fortement dentés. La couleur est très variable, rose, mauve ou bleu. Le cœur des sépales est crème en début de floraison.

Feuillage : feuilles ovales, larges et pointues ou acuminées. Les bords sont très dentés. L'aspect est gaufré et brillant.

Port : buisson vigoureux et dressé.

Floribondité : très bonne.

Utilisation : en massif, protégé du soleil de l'après-midi.

Intérêt : de superbes fleurs dentées originales, dont les couleurs sont très sensibles au sol.

0,80 à 1 m	8 à 12 cm	mi-ombre	moyen	très bonne	juill. à sept.

Pia

Synonymes : 'Piamina', 'Winning Edge'.

Classification : *macrophylla.*

Origine : Japon.

Inflorescence : en petite boule. Les fleurs stériles sont à 4 ou 5 sépales ovales, à bords entiers, pointus, plats et se chevauchant peu, rose bonbon ou lilas en sol acide.

Feuillage : petites feuilles pointues, de forme elliptique, en cuiller, à bords faiblement dentés. L'aspect est mat.

Port : petit buisson rond et bien formé. Nombreux bois très fins.

Floribondité : très bonne.

Utilisation : isolé, en haie basse ou en avant de massif.

Intérêt : un hortensia nain, pour ne pas avoir à raccourcir inlassablement ceux que l'on trouve trop généreux, sous les fenêtres par exemple.

1,20 à 1,40 m	15 à 20 cm	mi-ombre à ombre	abondant	moyenne	déb. juill. à déb. sept.

Pirate

Classification : *macrophylla.*

Origine : Louis Cayeux, Le Havre, France, 1960.

Inflorescence : en boule large et aplatie. Les fleurs stériles ne sont pas nombreuses, mais très amples. Les sépales, larges et arrondis, se chevauchent. La couleur est rouge cerise intense, s'éclaircissant en fin de floraison.

Feuillage : les feuilles sont amples, de forme arrondie, à l'extrémité acuminée, plates. Les bords sont finement dentés.

Port : buisson désordonné et retombant.

Floribondité : bonne.

Utilisation : en massif, protégé des gelées de printemps.

Intérêt : des fleurs stériles vives et de belle taille pendant l'été.

Pompadour

Classification : *macrophylla.*

Origine : Jacques Neilz, France, 1962.

Inflorescence : en boule. Les fleurs stériles sont à 4 sépales, de forme irrégulière, gaufrés et très dentés, ne se chevauchant pas à la base. La couleur, rose très tendre à mauve, laisse apparaître les nervures rouges.

Feuillage : feuilles elliptiques plates, pointues, dont l'aspect est gaufré et mat.

Port : buisson érigé et peu garni au pied. Les tiges sont droites.

Floribondité : très bonne.

Utilisation : en massif, protégé des gelées de printemps.

Intérêt : croisement de 'Sœur Thérèse' et de 'Val du Loir', ses fleurs sont superbes en bouquets.

1,10 à 1,30 m	12 à 18 cm	mi-ombre à ombre	abondant	moyenne	juill. et août

Président R. Touchard

Classification : *macrophylla.*

Origine : Emil Draps, Belgique, 1938.

Inflorescence : en boule. Fleurs stériles à 4 sépales cordiformes et pointus, se chevauchant, à bords entiers ou légèrement dentés. La couleur est mauve, avec des nuances du bleu magenta au pourpre suivant le sol.

Feuillage : feuilles elliptiques, élancées et incurvées, à bords faiblement dentés, acuminées, d'aspect brillant.

Port : buisson large. Le bois peut ployer sous le poids des inflorescences.

Floribondité : très bonne.

Utilisation : en massif, parmi d'autres variétés aux couleurs complémentaires. Éviter les endroits trop humides ou peu éclairés.

Intérêt : une des plus belles variétés de fleurs mauves.

1 à 1,20 m	12 à 18 cm	mi-ombre	moyen	bonne	juill. à sept.

Radiant

Classification : *macrophylla.*

Origine : Victor Lemoine, France, 1909.

Inflorescence : en boule bien ronde. Les fleurs stériles ont 4 petits sépales de forme ovale, à bout arrondi, se chevauchant légèrement et laissant apparaître les nervures. La couleur blanc crème vire au rose franc ou bleu cobalt en fonction de la nature du sol.

Feuillage : grandes feuilles plates et de forme elliptique, à bout bien acuminé et à bords régulièrement dentés. L'aspect est finement gaufré.

Port : petit buisson compact.

Floribondité : bonne.

Utilisation : en massif protégé des gelées.

Intérêt : un petit cultivar à la floraison lumineuse dès les premières années.

1 à 1,20 m	15 à 20 cm	mi-ombre	moyen	moyenne	fin juin à sept.

1,10 à 1,30 m	20 à 25 cm	mi-ombre à ombre	moyen	bonne	fin juin à sept.

Rahic

Classification : *macrophylla.*

Origine : Pierre Michel Kerneur, France, vers 1990.

Inflorescence : en boule. Les fleurs stériles, nombreuses, sont à 4 sépales larges, à bords irréguliers et légèrement dentés, se chevauchant. La couleur est blanc pur, devenant rose ou rouge en fin de floraison.

Feuillage : feuilles de forme elliptique allongée. Les bords sont dentés, l'extrémité est pointue.

Port : buisson compact, large et très fourni.

Floribondité : très bonne.

Utilisation : isolé ou en bordure de massif, protégé du soleil de la mi-journée.

Intérêt : une exceptionnelle floribondité pour cette variété blanche, hâtive et remontante.

1,40 à 1,60 m	12 à 18 cm	soleil à mi-ombre	moyen	très bonne	déb. juill. à oct.

Renate Steiniger

Classification : *macrophylla.*

Origine : August Steiniger, Allemagne, 1964.

Inflorescence : en petite boule aplatie. Les fleurs stériles sont à 4 sépales ovales, à bords entiers, se chevauchant. La couleur est bleu intense ou mauve en sol peu acide.

Feuillage : feuilles de forme elliptique, plates et faiblement dentées. L'aspect est brillant.

Port : buisson généreux, dressé et peu formé.

Floribondité : très bonne.

Utilisation : en massif, dans toutes situations, avec de la lumière.

Intérêt : une très belle variété d'hortensia, très facile à cultiver, et qui garde ses fleurs sèches, bleu acier et rouge, jusqu'aux gelées.

1,20 m	15 à 20 cm	mi-ombre	abondant	moyenne	déb. juill. à fin août

Rex

Classification : *macrophylla.*

Origine : A. Gyselinck, Belgique, 1955.

Inflorescence : en boule. Fleurs stériles à 4 sépales plats, ovales, à bords entiers ou faiblement dentés, rose ou mauve pâle en sol acide. L'ouverture des fleurs est spectaculaire : le cœur est jaune crème et les nervures jaunes prennent progressivement leur teinte mauve.

Feuillage : feuilles de forme elliptique, à bout pointu, à bords faiblement dentés. L'aspect est brillant.

Port : buisson formé, mais les tiges, fines, ploient sous le poids des inflorescences.

Floribondité : très bonne.

Utilisation : en massif, protégé des gelées de printemps et aussi de l'humidité et des intempéries.

Intérêt : une très belle et généreuse floraison du début d'été. Nettoyer les fleurs n'ayant pas bien séché.

R. F. Felton

Classification : *macrophylla.*

Origine : H. T. Jones, Grande-Bretagne, 1927.

Inflorescence : en grosse boule. Nombreuses fleurs stériles à 4 sépales larges, à bords entiers ou irréguliers, pointus. La couleur est rose en sol neutre ou bleu ciel, avec de multiples nuances intermédiaires, en sol acide. Les fleurs sèches sont vert tendre tacheté de rouge.

Feuillage : feuilles ovales, larges et finement dentées. Le sommet est acuminé. L'aspect est mat.

Port : grand buisson haut et bien formé.

Floribondité : très bonne.

Utilisation : toutes situations, isolé ou en massif.

Intérêt : une floribondité exceptionnellement généreuse et durable. Avec de superbes nuances en fin d'été et au début de l'automne.

1,40 à 1,60 m	20 à 25 cm	soleil à mi-ombre	moyen	très bonne	juill. à oct.

Ripple

Classification : *macrophylla.*

Origine : Mototeru Yatabe, Japon, 2003.

Inflorescence : en boule bien ronde. Les sépales des fleurs stériles sont ovales, larges, à bords légèrement dentés. La couleur, rouge vif à l'éclosion, pâlit progressivement par le centre.

Feuillage : feuilles elliptiques, plates. Les bords sont finement dentés. L'extrémité est pointue. La couleur est bronze à nervures vertes au départ, devenant vert sombre ensuite, en fonction de l'exposition au soleil.

Port : buisson dressé et irrégulièrement fourni.

Floribondité : bonne.

Culture : le protéger des gelées printanières.

Utilisation : en massif protégé, avec quelques heures de soleil le soir ou le matin.

1 à 1,20 m	20 à 25 cm	mi-ombre	abondant	bonne	fin juin à août

Rome

Classification : *macrophylla.*

Origine : Rampp, Allemagne, avant 1995.

Inflorescence : en boule. Fleurs stériles serrées, restant en cornet, à sépales larges, à bords entiers ou finement dentés, se chevauchant. La couleur est rouge étincelant. Elle reste rouge en sol acide, avec cependant le bouton bleu et des teintes éparses de bleu dans le rouge.

Feuillage : feuilles elliptiques, dressées et incurvées. Les bords sont régulièrement dentés et le bout est acuminé. L'aspect est gaufré et mat.

Port : petit buisson dressé. Le bois est fort.

Floribondité : bonne.

Utilisation : en pot ou en bordure de massif, en situation lumineuse et protégée.

Intérêt : des couleurs vives à admirer, même de loin.

1 à 1,20 m	15 à 20 cm	mi-ombre	moyen	bonne	déb. juill. à août

1,20 à 1,40 m	12 à 18 cm	mi-ombre à ombre	moyen	bonne	fin juin à oct.

Rosea

Classification : *macrophylla.*

Origine : Japon. Introduit en Angleterre par Charles Maries en 1880 et en France par Truffaut en 1901.

Inflorescence : en petite boule. Les fleurs stériles, rose pâle ou bleu pâle, ont 4 sépales pointus, à bords entiers, se chevauchant peu.

Feuillage : grandes feuilles elliptiques, plates, dentées et bien acuminées, gaufrées à fines nervures, vert mat prenant des teintes bronze à l'automne.

Port : buisson dressé et facilement retombant sous le poids des inflorescences. Bois fin et long.

Floribondité : bonne.

Utilisation : en situation protégée du soleil et des gelées, parmi d'autres plantes, pour éclairer.

Intérêt : des fleurs d'une teinte très douce ou vert intense à l'automne en cas de manque de lumière.

1,20 à 1,40 m	10 à 20 cm	mi-ombre	abondant	moyenne	déb. juill. à août

Rosita

Classification : *macrophylla.*

Origine : Draps-Dom, Belgique, 1964.

Inflorescence : en boule presque parfaite. Les fleurs stériles ont des sépales arrondis, à bords entiers, se chevauchant. La couleur est rose soutenu, sans nuance. Elle peut être bleue dans un sol acide.

Feuillage : feuilles de forme elliptique, à bords dentés et à pointe acuminée. L'aspect est gaufré et nervuré.

Port : buisson rond et bien formé.

Floribondité : très bonne.

Utilisation : cette variété très hâtive est à placer à l'abri des gelées de printemps. Convient en pot.

Intérêt : c'est la variété traditionnelle, vendue en pot par les fleuristes.

1,20 à 1,40 m	15 à 20 cm	mi-ombre	moyen	moyenne	juill. et août

Sabrina

Classification : *macrophylla.*

Origine : D. van der Spek, Pays-Bas, 2002.

Inflorescence : en boule. Fleurs stériles à sépales de forme irrégulière, dentelés, en cuiller. La couleur est rouge à l'ouverture, blanchit par la suite, la fleur gardant un liseré rouge sur le pourtour des sépales.

Feuillage : feuilles elliptiques, pointues et incurvées. Les jeunes feuilles apparaissent rouge bronze et s'éclaircissent progressivement. Les nervures sont vertes. La couleur est sensible à l'exposition au soleil.

Port : buisson dressé.

Floribondité : bonne.

Utilisation : en pot ou en massif, en situation lumineuse, à associer avec d'autres variétés au feuillage brun ou à des variétés bicolores à fleurs plates.

Satinette

Classification : *macrophylla.*

Origine : Victor Lemoine, France, 1919.

Inflorescence : en boule. Les fleurs stériles sont à sépales larges et pointus, se chevauchant. La couleur est rouge cerise ou mauve profond en sol acide.

Feuillage : feuilles de forme elliptique, larges et incurvées. Les bords sont bien dentés, le bout est acuminé. L'aspect est gaufré et la couleur vert franc est marginée de rouge.

Port : petit buisson rond et aplati. Le bois est court.

Floribondité : bonne.

Utilisation : en pot, en petit massif ou en bordure dans un espace protégé.

Intérêt : 'Satinette' fait partie des hortensias adaptés aux environnements citadins.

1 m	12 à 18 cm	mi-ombre à ombre	abondant	moyenne	déb. juill. à août

Schöne Bautznörin

Synonyme : 'Red Baron'.

Classification : *macrophylla.*

Origine : Hermann Dienemann, Allemagne, 1970.

Inflorescence : en boule aplatie. Fleurs stériles nombreuses en cornet, à sépales ovales, larges, à bords légèrement dentelés. La couleur est rouge en sol neutre, mauve en sol acide.

Feuillage : grandes feuilles larges de forme elliptique, dentées, à bout acuminé, d'aspect gaufré et mat.

Port : buisson large. Bois fort.

Floribondité : très bonne.

Utilisation : en grand massif de la même variété.

Intérêt : de belles fleurs en relief, qui restent très belles en fin de floraison.

1,40 à 1,60 m	15 à 20 cm	mi-ombre	moyen	très bonne	juill. à sept.

Seascape

Classification : *macrophylla.*

Origine : Halecat Nursery, Grande-Bretagne. Cultivar de la série 'Maritima', nommé par M. Haworth-Booth.

Inflorescence : en boule aplatie. Fleurs stériles à 4 sépales larges, à bords entiers, pointus et joints à la base. La couleur est bleu très pâle.

Feuillage : grandes feuilles larges de forme elliptique. Les bords sont dentés et ourlés, l'aspect est brillant.

Port : grand buisson large et dégingandé.

Floribondité : bonne. Remontant en septembre.

Utilisation : en buisson ou en haie, en lisière de bois, ou dans une situation protégée du gel et des grosses chaleurs.

Intérêt : des fleurs fraîches et lumineuses en août et en septembre.

1,60 m	15 à 20 cm	mi-ombre à ombre	abondant	moyenne	juill. à sept.

1,20 à 1,40 m	15 à 20 cm	mi-ombre à ombre	moyen	bonne	fin juin à nov.

Semperflorens

Classification : *macrophylla.*

Origine : Pieter Zwijnenburg, Pays-Bas, 1980.

Inflorescence : en boule. Nombreuses fleurs stériles à 4 sépales larges, à bords entiers ou très légèrement dentés, pointus, rose pâle ou bleu pâle suivant le sol.

Feuillage : feuilles de forme elliptique, longues et bien acuminées, les bords sont bien dentés, l'aspect est mat. La couleur verte vire au bronze en fin de floraison.

Port : buisson large et ouvert.

Floribondité : très bonne.

Utilisation : en massif ou en haie, dans un endroit ombragé, mais clair et lumineux.

Intérêt : une floraison exceptionnelle – cette variété produit des jeunes fleurs jusqu'à la fin de l'automne. Son caractère remontant la rend parfaite pour les régions froides.

1,30 à 1,60 m	15 à 20 cm	mi-ombre	abondant	très bonne	mi-juill. à sept.

Sibilla

Synonyme : 'Maja'.

Classification : *macrophylla.*

Origine : August Steiniger, Allemagne, 1964.

Inflorescence : en boule. Fleurs stériles à sépales ovales, entiers et pointus, se chevauchant en coupe. La couleur est rose très soutenu à rouge ou mauve en sol acide.

Feuillage : feuilles épaisses, nettement dentées, acuminées. L'aspect est gaufré et brillant. La couleur vert sombre peut être marginée de rouge.

Port : buisson bien rond et généreux. Bois fort.

Floribondité : bonne.

Utilisation : en massif ou isolé, dans toutes régions.

Intérêt : une superbe floraison. À utiliser pour des bouquets de fleurs séchées.

1,80 à 2 m	22 à 27 cm	soleil à mi-ombre	moyen	bonne	juill. à oct.

Sir Joseph Banks

Classification : *macrophylla.*

Origine : introduit par Sir Joseph Banks en 1789.

Inflorescence : en grosse boule. Fleurs stériles à 4 ou 5 sépales étroits, à bords entiers, joints à la base. Rose pâle ou bleu très pâle virant au vert à l'automne.

Feuillage : grandes feuilles de forme ovale et pointue, à bords dentés et légèrement ourlés, l'aspect est brillant. La couleur est vert pâle.

Port : grand buisson large et retombant.

Floribondité : très bonne.

Utilisation : en gros buisson en zone protégée des gelées de printemps et des grosses chaleurs de l'été. Adapté aux zones côtières et ventées.

Intérêt : une variété très ancienne et répandue. On la trouve partout, en Cornouailles, Bretagne ou Galice. Souvent confondue avec 'Otaksa'.

Sœur Thérèse

Classification : *macrophylla.*

Origine : H. Gaigne, France, 1945. Le nom d'origine de cet hortensia est 'Petite Sœur Thérèse de l'Enfant Jésus'.

Inflorescence : en boule. Nombreuses fleurs à 4 sépales dentelés, disjoints à la base, blanc pur se pigmentant de rose sous les rayons du soleil ou de vert tendre quand elles sont toujours à l'ombre.

Feuillage : longues feuilles pointues et dentées, de couleur vert clair et mates.

Port : assez dru au soleil, les tiges s'allongent à l'ombre et peuvent se ployer si les fleurs sont lourdes.

Floribondité : bonne.

Utilisation : en massif, en lisière d'un sous-bois ou à l'abri d'un mur sans excès d'humidité.

Intérêt : une variété rustique à retenir pour les nuances de rose dans le blanc de ses inflorescences.

1,50 à 1,80 m	15 à 20 cm	ombre	abondant	bonne	fin juin à oct.

Souvenir de Claire

Classification : *macrophylla.*

Origine : Émile Mouillère, Vendôme, France, 1907. D'origine plus ancienne et incertaine.

Inflorescence : en boule de forme très régulière. Les petites fleurs stériles sont à 4 sépales plats, de forme ovale, à bords réguliers, pointus et se chevauchant peu. La couleur est rose pâle ou bleu ciel.

Feuillage : feuilles elliptiques, plates, à bords finement dentés, pointues. L'aspect est mat et gaufré.

Port : buisson généreux et bien dressé. Les tiges sont fines et longues.

Floribondité : très bonne.

Utilisation : en massif au pied d'un bosquet ou d'un endroit sombre, protégé du soleil de l'après-midi.

Intérêt : une plante très lumineuse pendant l'été et l'automne grâce à ses nombreuses fleurs remontantes.

1,60 à 1,80 m	20 à 25 cm	mi-ombre à ombre	moyen	très bonne	juill. à oct.

Souvenir de Madame E. Chautard

Classification : *macrophylla.*

Origine : Émile Mouillère, Vendôme, France, 1909.

Inflorescence : en boule aplatie. Fleurs stériles à 4 sépales ovales, à bords entiers ou irrégulièrement dentés, pointus, se chevauchant en partie. La couleur est douce, mauve ou rose en fonction du sol.

Feuillage : grandes feuilles larges, à bords dentés, acuminées, plates, mates, vert marginé de brun.

Port : buisson généreux, souple et large.

Floribondité : très bonne.

Utilisation : en massif ou en haie, pour une limite ou une séparation.

Intérêt : croisement de 'Souvenir de Claire' et de 'Rosea', à petites mais très nombreuses inflorescences, unique pour ses teintes douces et variées.

1,40 à 1,60 m	12 à 18 cm	mi-ombre	moyen	bonne	juill. à sept.

Perles de corail ou petits rubis…

Fleurs fertiles, serrées, minuscules au centre des inflorescences, et pourtant si essentielles, puisque ce sont elles qui assurent l'avenir. Beaux boutons joufflus, qui s'ouvrent progressivement en changeant de couleur. Spectacle discret et émouvant.

Page de gauche, de haut en bas

H. involucrata

Une éclosion émouvante, avec des fleurs qui se défroissent à la sortie du bouton.
▷ Voir p. 148

Cardiandra formosana

De la même famille que les hortensias, une vivace aux couleurs étonnantes, comme une parure raffinée de pierres précieuses.
▷ Voir p. 148

Page de droite, de haut en bas et de gauche à droite

Kardinal

De petits rubis au centre de l'inflorescence, magnifiés par des fleurs plates rouge écarlate.
▷ Voir p. 97

Kawakami

Ouverture progressive des boutons corail qui se recouvrent d'un duvet d'étamines mauves.
▷ Voir p. 149

Macrophylla

Curieuses inflorescences mauve violacé…
▷ Voir p. 149

Gimpel

Promesse des boutons aux nuances pastel sous la garde des fleurs stériles en pourtour, qui s'ouvrent verticalement avant de s'épanouir et de s'écarter.
▷ Voir p. 91

1,20 à 1,40 m	10 à 15 cm	mi-ombre à ombre	abondant	moyenne	juill. et août

Splendens

Classification : *macrophylla.*

Origine : Henri Cayeux, Le Havre, France, 1920.

Inflorescence : en boule. Les fleurs stériles, à longs pédicelles, ont de 3 à 5 sépales, de forme irrégulière, à bords entiers ou légèrement dentés. La couleur est rose franc, mauve ou bleu franc en fonction du sol.

Feuillage : feuilles de forme elliptique, larges, à bords dentés et acuminées. La surface est plate et brillante.

Port : dressé, buisson très droit. Longues tiges.

Floribondité : bonne.

Utilisation : en haie, le long d'un mur ou en lisière de bois, en climat océanique, en zone littorale ou tempérée.

Intérêt : un cultivar issu de 'Générale Vicomtesse de Vibraye', dont les teintes vives et variées ont fait son succès à sa création.

1 à 1,20 m	12 à 18 cm	mi-ombre à ombre	moyen	très bonne	fin juin à fin sept.

Thomas Hogg

Classification : *macrophylla.*

Origine : importé du Japon avant 1900.

Inflorescence : en boule. Les fleurs stériles ont 4 sépales en losange, à bords réguliers, à bout pointu et disjoints à la base. La couleur est blanc pur.

Feuillage : feuilles de forme ovale-elliptique, à bords peu dentés, brillantes et gaufrées. La couleur verte, marginée de brun, se tache de brun en fin de période.

Port : buisson désordonné rond.

Floribondité : très bonne. Remontant jusqu'à fin septembre.

Utilisation : en massif ou en bordure, cet hortensia résiste aux gelées de printemps.

Intérêt : une variété très rustique, florifère et remontante. À utiliser pour sa couleur fraîche ou pour des compositions de bouquets.

1 m	10 à 15 cm	mi-ombre à ombre	moyen	bonne	juill. à sept.

Ticino

Synonyme : 'Neu Friesdorf'.

Classification : *macrophylla.*

Origine : Dr Bosse (Friesdorf), Allemagne, 1969.

Inflorescence : en boule. Fleurs stériles à 4 grands sépales, larges, à bords entiers ou légèrement dentés, pointus et se chevauchant. La couleur rose-rouge ou mauve en sol acide, longtemps blanche au cœur, est parfois nervurée de blanc.

Feuillage : feuilles elliptiques, à bords bien dentés, pointues, brillantes. La couleur verte, marginée de rouge, brunit progressivement à l'automne.

Port : buisson trapu et dressé.

Floribondité : bonne.

Utilisation : en bordure de massif ou sous une fenêtre, protégé des gelées de printemps. Aussi cultivé en pot.

Intérêt : une jolie plante pour un petit espace.

Tödi

Classification : *macrophylla.*

Origine : F. Kobel, F. Schütz, Wädenswil, Suisse, 1952.

Inflorescence : en petite boule bien ronde. Sépales des fleurs stériles larges, à bords entiers, légèrement pointus et se chevauchant. La couleur est rouge ou rose soutenu en sol neutre, mauve en sol acide.

Feuillage : feuilles de forme ovale arrondie, larges, régulièrement dentées et acuminées, nervurées et brillantes. Vert foncé se teintant de bronze en fin d'été.

Port : petit buisson large et peu formé. Quelques branches peuvent ployer sous le poids des fleurs.

Floribondité : bonne.

Utilisation : en massif ou en haie, dans toutes situations. Un sol neutre permettra de profiter de sa belle couleur rouge.

Intérêt : une plante très rustique, cultivée dans des régions froides.

1 à 1,20 m	12 à 18 cm	mi-ombre à ombre	moyen	très bonne	déb. juill. à sept.

Tovelit

Classification : *macrophylla.*

Origine : Danemark, avant 1956.

Inflorescence : en boule aplatie. Fleurs à 4 sépales aigus, de couleur rose-rouge, mauve ou bleue.

Feuillage : feuilles longues et étroites, lancéolées, à bords incurvés, faiblement dentelés.

Port : buisson compact très formé en boule régulière. Les nombreuses tiges serrées portent des fleurs qui recouvrent presque totalement le feuillage.

Floribondité : très bonne, moindre en cas de gelées de printemps.

Utilisation : en pot, parmi d'autres plantes basses, en avant de massif ou à chaque fois que l'on aura besoin d'un hortensia nain, sous une fenêtre par exemple.

Intérêt : c'est l'hortensia nain par excellence.

0,80 m	8 à 10 cm	soleil à mi-ombre	moyen	bonne	déb. juill. à oct.

Triomphe

Classification : *macrophylla.*

Origine : Henri Cayeux, Le Havre, France, 1920.

Inflorescence : en boule. Nombreuses fleurs stériles à 4 sépales larges, à bords légèrement dentés, pointus et en cuiller. La couleur est rouge ou rose soutenu en sol neutre, mauve en sol acide.

Feuillage : grandes feuilles de forme ovale-elliptique, incurvées et acuminées. L'aspect est gaufré. La couleur vert clair, marginée de rouge, brunit en fin d'été.

Port : buisson rond et bien formé.

Floribondité : très bonne.

Utilisation : isolé ou parmi d'autres plantes, protégé des gelées de printemps et de l'excès de chaleur.

Intérêt : une belle forme et une floraison généreuse.

1,20 à 1,40 m	12 à 18 cm	mi-ombre	moyer	bonne	juill. à sept.

1,20 à 1,40 m	10 à 15 cm	soleil à mi-ombre	moyen	très bonne	juill. à sept.-oct.

Universal

Classification : *macrophylla.*

Origine : inconnue.

Inflorescence : en boule. Fleurs stériles à 4 sépales larges, à bords entiers en début de floraison, puis légèrement dentés, se chevauchant. La couleur bleu intense en sol acide est mauve en sol neutre.

Feuillage : feuilles de forme ovale, larges et dentées, acuminées. La surface est plate et l'aspect brillant.

Port : buisson léger et ouvert. Bois long et fin.

Floribondité : très bonne.

Utilisation : isolé ou en massif de la même variété, dans la plupart des situations. On évitera les sols trop pauvres.

Intérêt : une plante très rustique et florifère. Facile et généreuse.

1,40 à 1,60 m	20 à 25 cm	mi-ombre	moyen	bonne	déb. juill. à oct.

Ursula

Classification : *macrophylla.*

Origine : Dr Bosse (Friesdorf), Allemagne, 1955.

Inflorescence : en boule. Nombreuses fleurs stériles à 4 grands sépales larges et pointus, à bords légèrement ondulés et dentés. La couleur est mauve en sol acide et rose en sol neutre.

Feuillage : feuilles de forme arrondie, à pointe bien acuminée, à bords dentés. La surface est plate. La couleur verte vire au rouge à l'automne.

Port : grand buisson large et ouvert.

Floribondité : très bonne.

Utilisation : dans un grand espace lumineux et ombré, en massif ou le long d'un mur.

Intérêt : de très belles couleurs de fleurs et de feuillage à l'automne. Beaux bouquets de fleurs sèches.

1,80 à 2 m	15 à 20 cm	mi-ombre	abondant	bonne	juill. et août

Val du Loir

Classification : *macrophylla.*

Origine : Louis Mouillère, Vendôme, France, 1962.

Inflorescence : en boule. Grandes fleurs stériles à 4 sépales cordiformes, à bords entiers, légèrement ondulés et pointus, se chevauchant. Rose soutenu, rouge ou mauve en fonction de la nature du sol.

Feuillage : grandes feuilles ovales, larges, à bords dentés et à bout acuminé. L'aspect est gaufré.

Port : buisson dru et à grand développement. Le poids des inflorescences peut faire ployer les longues tiges.

Floribondité : bonne.

Utilisation : en massif, le long d'un haut mur, en espace protégé du soleil de l'après-midi ou en fond de massif, à voir de loin.

Intérêt : généreux, à très grand développement.

Venedig

Classification : *macrophylla.*

Origine : X. et K. Rampp, Allemagne, 1991.

Inflorescence : en boule très aplatie. Fleurs stériles à grands et larges sépales, se chevauchant, en coupe et à bords finement dentés. La couleur soutenue varie du rose framboise au rouge cerise suivant le sol.

Feuillage : feuilles ovales ou elliptiques, larges et pointues, en cuiller, d'aspect brillant. La couleur vert tendre puis sombre brunit quand il est au soleil.

Port : petit buisson dressé en coupe ouverte. Le bois fin supporte les inflorescences légères.

Floribondité : bonne.

Utilisation : en petit massif étroit, le long d'une allée ou d'un mur, ou en pot, dans un espace protégé.

Intérêt : sa couleur très vive et suave est l'un des atouts de ce cultivar.

1 m	15 cm	mi-ombre à ombre	moyen	bonne	juill. et août

Vorster Frührot

Synonyme : 'Foster Forest'.

Classification : *macrophylla.*

Origine : August Steiniger, Allemagne, 1951.

Inflorescence : en boule compacte. Fleurs stériles nombreuses et serrées, à 4 sépales entiers, elliptiques et en cuiller. Vertes en début de floraison, puis rouge vif. Elles se teintent de reflets mauves en sol acide.

Feuillage : feuilles de forme elliptique, larges et dressées en cuiller. La pointe est acuminée. L'aspect est gaufré. La couleur vert tendre est marginée de rouge.

Port : petit buisson compact. Bois épais, court et dressé.

Floribondité : bonne.

Utilisation : en pot ou en petit massif, en bordure d'allée par exemple.

Intérêt : la période d'ouverture des fleurs est très belle et la fin de floraison très douce. Belles fleurs sèches.

1 à 1,20 m	15 à 20 cm	soleil à mi-ombre	moyen	bonne	déb. juill. à sept.

Weisse Königin

Classification : *macrophylla.*

Origine : August Steiniger, Allemagne, 1973.

Inflorescence : en boule plate et à base irrégulière. Fleurs stériles à 4 sépales, joints à la base, à bords régulier, pointus. La couleur blanc pur devient blanc crème en fin de floraison ou rose pâle au soleil.

Feuillage : feuilles elliptiques, larges, à bords dentés et à bout pointu, bombées, de couleur vert foncé.

Port : buisson très ramifiant et ouvert, arbustif et retombant. Bois fin.

Floribondité : bonne. Remontant en août.

Culture : nettoyer les fleurs sèches.

Utilisation : plante de forçage à l'origine, qui se développe bien en pot. Convient aussi pour le jardin en situation protégée du soleil.

Intérêt : une grande variété généreuse.

1,30 à 1,50 m	15 à 20 cm	mi-ombre à ombre	moyen	bonne	déb. juill. à août

1 m	10 à 15 cm	mi-ombre à ombre	abondant	bonne	juill. et août

Wood Worth White

Classification : *macrophylla.*

Origine : Louisiana Nursery, Louisiane, États-Unis.

Inflorescence : en boule aplatie. Les fleurs stériles ont 4 sépales à bords entiers, pointus et joints à la base. La couleur blanche se pigmente légèrement de rose en cour de floraison et vire au jaune à l'ombre.

Feuillage : feuilles ovales et pointues, plates, vert clair. L'aspect est brillant.

Port : petit buisson ouvert et retombant.

Floribondité : très bonne.

Culture : en pleine terre, tuteurer ou cercler le massif quand il est jeune.

Utilisation : un petit buisson qui convient à un espace limité. En avant de massif ou bien en pot, sur une terrasse, dans un emplacement ombré.

1,60 m	25 à 35 cm	mi-ombre	abondant	moyenne	déb. juill. à oct.

Yola

Classification : *macrophylla.*

Origine : A. Gyselinck, Belgique, 1949.

Inflorescence : en grosse boule très dense. Fleurs rose vif ou bleu très intense, à sépales entiers, à extrémité arrondie, ou ovales, se chevauchant.

Feuillage : grandes feuilles larges, dentées et acuminées, brillantes et gaufrées.

Port : très érigé, vigoureux. Les inflorescences lourdes peuvent faire ployer les gros brins du pourtour.

Floribondité : bonne.

Utilisation : isolé dans un grand espace, en bordure le long d'un mur, en massif de même variété ou avec d'autres hortensias de même couleur à fleurs plates.

Intérêt : avec des fleurs irrégulières, parfois doubles, le début de floraison peut être étonnant. Les fleurs sèches sont du plus bel effet, avec des nuances de vert amande et de rouge sombre ourlé de bleu pâle.

1 à 1,20 m	25 cm	mi-ombre	moyen	bonne	déb. juill. à août

You and Me Emotion

Classification : *macrophylla.*

Origine : Ichie San, Japon. Distribué en Europe par Globe Planter.

Inflorescence : grande et plate, puis en boule. Nombreuses fleurs stériles s'ouvrant peu à peu du pourtour vers le centre. Fleurs pleines, à multiples rangées de sépales entiers et pointus, roses ou bleues.

Feuillage : feuilles elliptiques, larges et pointues. Elles se recroquevillent et se marginent de rouge au soleil. Les bords sont finement dentés et ourlés.

Port : petit buisson ouvert et large. Bois rouge ou brun.

Floribondité : très bonne.

Utilisation : en pot ou en avant de massif.

Intérêt : obtention récente, elle apporte vraiment une originalité avec ses inflorescences pleines à fleurs multiples en étoile. Déclinée en 5 sous-cultivars : 'Emotion', 'Romance', 'Passion', 'Eternity' et 'Forever'.

1,20 m	12 à 18 cm	mi-ombre	moyen	très bonne	juill. à sept.

Atmosphère

Classification : *macrophylla.*

Origine : inconnue.

Inflorescence : grande et plate. Fleurs fertiles roses ou bleues au centre, entourées de nombreuses fleurs stériles, à 4 sépales arrondis et se chevauchant. Les inflorescences sont portées par des hampes verticales qui peuvent atteindre 10 cm.

Feuillage : grandes feuilles elliptiques, en cuiller, à bords faiblement dentés.

Port : buisson épais et étalé.

Floribondité : très bonne.

Utilisation : isolé ou en avant de massif de variétés plus grandes.

Intérêt : une plante très rustique supportant un climat continental et des inflorescences spectaculaires lors de l'ouverture progressive et irrégulière des fleurs.

2 à 3 m	25 cm	mi-ombre	abondant	bonne	juill. à oct.

Beauté Vendômoise

Classification : *macrophylla.*

Origine : Émile Mouillère, Vendôme, France, 1908.

Inflorescence : très grande et plate, légèrement bombée. Nombreuses fleurs stériles rose pâle ou blanc bleuté, pouvant atteindre 5 cm et plus, à 4 sépales disjoints, à bords entiers, pointus. Elles recouvrent progressivement et partiellement les fleurs fertiles.

Feuillage : grandes feuilles elliptiques, à bords dentés, plates et de couleur vert mat.

Port : très grand buisson généreux, mais peu formé.

Floribondité : bonne.

Utilisation : en massif de la même variété pour paysager un parc ou un grand espace.

Intérêt : des fleurs de grande dimension à admirer jusqu'à l'automne, même à distance. Elles sont, de plus, parfumées.

1,50 à 1,80 m	12 à 18 cm	mi-ombre	moyen	très bonne	fin juin à août

Belzonii

Classification : *macrophylla.*

Origine : Japon. Introduit par Philipp Franz von Siebold en Europe XIXe siècle.

Inflorescence : plate et légèrement bombée. Fleurs fertiles bleues. Les fleurs stériles, au pourtour, sont blanches, puis rose pâle ou bleu pâle. Les 4 sépales se chevauchent et sont un peu pointus et dentés.

Feuillage : feuilles ovales-elliptiques, à bords faiblement dentés, à extrémité acuminée. Vert mat, elles brunissent à l'automne.

Port : buisson galbé et vigoureux. Le bois est brun.

Floribondité : moyenne. Remontant en août.

Utilisation : en bordure ou en haie.

Intérêt : son feuillage, dont la couleur bronze s'harmonise avec les fleurs rouges à l'automne.

Bergfink

Classification : *macrophylla.*

Origine : Wädenswil, Suisse, 1987.

Inflorescence : plate. Nombreuses fleurs stériles disposées irrégulièrement en pourtour des fleurs fertiles. Les 4 sépales ovales, à bords francs, pointus, se chevauchent à la base. La couleur est rouge ou violette en sol acide.

Feuillage : feuilles larges et dressées en cuiller, elliptiques, à bords bien dentés, bien acuminées. L'aspect est gaufré et brillant. La couleur est vert tendre marginé de rouge.

Port : petit buisson aplati, plus large que haut.

Floribondité : bonne.

Utilisation : en bordure ou en massif, dans un jardin protégé des vents forts.

Intérêt : une plante intéressante à associer, car plus tardive que beaucoup d'autres à fleurs comparables.

1 à 1,20 m	10 à 15 cm	mi-ombre	abondant	bonne	mi-juill. à sept.

Blaüling

Classification : *macrophylla.*

Origine : Wädenswil, Suisse, 1984.

Inflorescence : plate. Les fleurs stériles, réparties irrégulièrement, recouvrent en partie les fleurs fertiles. Elles ont 3 ou 4 sépales plats, larges et arrondis, joints ou se chevauchant faiblement. Les bords sont entiers ou très peu dentés, avec une marque de division des lobes au milieu. La couleur est tendre, rose ou bleue.

Feuillage : feuilles de forme ovale, légèrement en V, à bords finement dentés. Le sommet est acuminé.

Port : grand buisson en pyramide inversée, peu retombant. Bois droit.

Floribondité : très bonne.

Utilisation : en grand massif, bien éclairé, seul ou en association avec d'autres hortensias.

Intérêt : une belle plante très rustique, à floraison abondante et aux couleurs douces.

1,40 à 1,60 m	15 à 20 cm	mi-ombre	moyen	très bonne	juill. à sept.

Blaumeise

Classification : *macrophylla.*

Origine : Wädenswil, Suisse, 1979.

Inflorescence : plate. Une dizaine de fleurs stériles au pourtour, à 4 gros sépales légèrement pointus et se recouvrant partiellement. La couleur est bleu intense en sol acide.

Feuillage : larges feuilles de 10 à 15 cm de long, plates.

Port : dru et vigoureux. Bois fort.

Floribondité : très bonne.

Culture : l'intensité de la couleur bleue est sensible à la présence d'aluminium dans le sol.

Intérêt : un des bleus les plus profonds des hortensias à inflorescence plate.

1,80 à 2 m	20 cm	mi-ombre	moyen	moyenne	juill. à sept.

1,80 m	12 à 18 cm	mi-ombre à ombre	abondant	bonne	juill. à sept.-oct.

Cassiopée

Classification : *macrophylla.*

Origine : Corinne Mallet, France, 1993. Récolté à l'état sauvage sur la presqu'île d'Izu au Japon.

Inflorescence : plate. Fleurs fertiles roses ou mauves. Fleurs stériles régulièrement placées en pourtour, pleines, à plusieurs rangs de sépales ovales, pointus et en cuiller, à bords entiers, rose pâle ou bleu pâle.

Feuillage : grandes feuilles elliptiques et incurvées, à bords finement dentés et ourlés, à bout pointu, plates. La couleur est vert pâle.

Port : grand buisson large et ouvert.

Floribondité : bonne.

Utilisation : en fond de massif ou en haie, en situation protégée.

Intérêt : proche des autres plantes originaires d'Izu, elle a une forme de fleur régulière et généreuse. Belle fin de floraison.

1 à 1,20 m	10 à 15 cm	mi-ombre à ombre	moyen	très bonne	fin juin à août

Dandenong

Synonyme : 'Australian'.

Classification : *macrophylla.*

Origine : Australie. Importé par Maurice Foster en Grande-Bretagne vers 1980.

Inflorescence : plate. Fleurs fertiles au centre violettes ou bleues. Fleurs stériles blanches à 4 sépales ovales et à bout pointu, se chevauchant irrégulièrement.

Feuillage : feuilles longues de forme elliptique. La couleur est vert sombre, marginée et avec des reflets bruns. L'aspect est mat.

Port : petit buisson au port érigé. Grandes tiges.

Floribondité : bonne.

Utilisation : dans un espace protégé du soleil.

Intérêt : une fleur compacte, très belle et lumineuse, à admirer de près.

1,80 à 2,50 m	8 à 12 cm	soleil à mi-ombre	faible	très bonne	juill. à sept.-oct.

Discolor

Classification : *H. arborescens* ssp. *discolor.*

Origine : Arkansas, Oklahoma et Indiana, États-Unis. Identifié par McClintock en 1956.

Inflorescence : plate. Quelques fleurs stériles en pourtour, blanches, à bords entiers et à sommet pointu, ne se chevauchant pas.

Feuillage : feuilles cordiformes, à bords dentés, gaufrées et mates.

Port : grand buisson dressé et ordonné, recouvert sur la partie supérieure par toutes ses inflorescences.

Floribondité : bonne.

Utilisation : pour un grand massif, en haie ou en arrière de massif.

Intérêt : la fleur est très belle à admirer de près. De plus, elle est très parfumée.

Eisvogel

Synonymes : 'Kingfischer', 'Iowa'.

Classification : *macrophylla.*

Origine : Wädenswil, Suisse, 1979.

Inflorescence : plate. Fleurs fertiles bleues au centre, fleurs stériles irrégulièrement alignées en pourtour, à sépales larges, à bords francs, pointus. La couleur est bleu mauve à rouge en sol neutre.

Feuillage : grandes feuilles elliptiques, larges. Les bords sont régulièrement dentés, le bout est acuminé.

Port : buisson large, plat et dressé.

Floribondité : bonne.

Utilisation : en massif ou en bordure d'allée, en situation protégée du soleil en région continentale.

Intérêt : une variété dont la couleur est très sensible à la présence d'alumine dans le sol. Elle passe plus facilement au rouge que 'Nachtigal', très proche.

1,20 à 1,40 m	15 à 20 cm	mi-ombre	abondant	moyenne	juill. à sept.

Etanin

Classification : *macrophylla.*

Origine : inconnue.

Inflorescence : plate et légèrement bombée. Les nombreuses toutes petites fleurs fertiles (une centaine) ont des sépales de forme concave bleu mauve.

Feuillage : feuilles de forme obovale-elliptique, plates, à bout pointu. L'aspect est brillant.

Port : petit buisson large et aplati. Bois épais et court.

Floribondité : très bonne.

Culture : le protéger des gelées du printemps.

Utilisation : dans un massif en bordure d'un mur ou d'un couvert d'arbres.

Intérêt : l'hortensia qui n'a pas de fleurs stériles en pourtour. Des fleurs fertiles très fines à admirer au moment de leur ouverture. Il apportera une délicate et discrète floraison complémentaire d'été.

1 à 1,30 m	10 à 15 cm	mi-ombre	moyen	très bonne	juill.

Étoile Violette

Classification : *macrophylla.*

Origine : Corinne Mallet, France, 1994.

Inflorescence : plate. Les fleurs stériles en pourtour sont à multiples sépales sur 3 rangs, entiers, ovales, légèrement incurvés et acuminés. La couleur est bleu liliacé ou rose pâle, devenant vieux rouge soutenu.

Feuillage : feuilles ovales, plates, parfois tourmentées, à bords peu dentés, acuminées, d'aspect brillant. La couleur vert clair vire au rouge bronze à l'automne.

Port : grand buisson dressé et dégingandé.

Floribondité : très bonne.

Culture : il peut être rabattu au printemps, pour donner une forme et densifier la floraison.

Utilisation : en arrière de massif, en situation ombrée, à l'orée d'un sous-bois par exemple.

Intérêt : une superbe plante, proche de 'Izu-no-hana' et 'Jogasaki', originaire de la même région au Japon.

1,40 à 1,60 m	12 à 18 cm	mi-ombre à ombre	moyen	bonne	juill. à sept.

1,50 à 1,70 m	15 à 20 cm	mi-ombre	abondant	moyenne	déb. juill. à août

Flamingo

Synonyme : 'Flamant Rose'.

Classification : *macrophylla.*

Origine : Wädenswil, Suisse, 1987. Croisement de 'Taube' et de 'Rotkelchen'.

Inflorescence : plate. Fleurs fertiles au centre roses ou bleues. Les fleurs stériles en pourtour ont 4 sépales incurvés, à bords irréguliers, pointus. La couleur est rose pâle ou rouge violacé.

Feuillage : feuilles de forme elliptique, irrégulières, à bords dentés parfois ourlés et à bout acuminé.

Port : buisson dégingandé.

Floribondité : bonne.

Utilisation : protégé du gel de printemps et des à-coups thermiques, dans un pot ou le long d'un mur.

Intérêt : quand elle est bien protégée, c'est une très belle variété de *lacecap* rose ou pourpre.

1,30 m	15 à 20 cm	mi-ombre à ombre	abondant	faible	juill. à sept.

Geisha

Classification : *macrophylla.*

Origine : Louis Cayeux, Le Havre, France, 1967.

Inflorescence : plate. Nombreuses fleurs stériles recouvrant partiellement les fleurs fertiles. Les sépales sont très larges et arrondis, se chevauchant en partie. La couleur est rose nuancé de blanc crème ou de bleu pâle en fonction du sol.

Feuillage : feuilles vert mat, gaufrées et dentées.

Port : irrégulier, en forme de parachute. Gros bois très dru, rougissant à l'automne.

Floribondité : bonne.

Culture : nettoyer les fleurs en fin de saison. Tailler peut être utile pour garder une forme régulière.

Utilisation : en situation protégée pour former une haie ou en fond de massif.

1,50 m	15 à 20 cm	mi-ombre à ombre	moyen	bonne	juill. à sept.

Geoffrey Chadbund

Classification : *macrophylla.*

Origine : Wädenswil, Suisse, 1964.

Inflorescence : plate. Fleurs fertiles roses ou bleues. Nombreuses fleurs stériles en pourtour, recouvrant en partie les fleurs du centre, à 4 sépales arrondis et légèrement dentelés, de couleur rouge ou mauve.

Feuillage : feuilles très larges d'un vert foncé brillant.

Port : buisson vigoureux et en coupe. Bois fort.

Floribondité : très bonne.

Utilisation : en massif ou en haie, dans toutes régions. S'il est mis à l'ombre, sa belle coloration restera longtemps fraîche et intense. Supporte le soleil en région tempérée.

Intérêt : une belle couleur franche entre le rouge et le bleu en fonction du sol.

Gimpel

Classification : *macrophylla.*

Origine : Wädenswil, Suisse, 1987.

Inflorescence : plate. Fleurs stériles sur le pourtour pour la plupart, à 4 sépales imbriqués, de forme irrégulière, à long pédicelle. La couleur varie du rouge au bleu en fonction de la nature du sol.

Feuillage : grandes feuilles arrondies, à bords bien dentés, acuminées. L'aspect est gaufré et brillant.

Port : petit buisson à surface aplatie. Bois fort et court.

Floribondité : très bonne.

Utilisation : en bordure de massif, protégé des gelées tardives.

Intérêt : l'ouverture des fleurs est un spectacle. Elles s'ouvrent verticalement avant de s'épanouir et de s'écarter.

1 à 1,20 m	15 cm	mi-ombre	moyen	moyenne	juill. et août

Grasmücke

Classification : *macrophylla.*

Origine : Wädenswil, Suisse, 1987. Croisement de 'Taube' et de 'Rotkelchen'.

Inflorescence : plate. Les fleurs stériles, en cuiller, sont irrégulièrement réparties en pourtour. Les 4 ou 5 sépales ovales, à bords francs, sont légèrement pointus. La couleur est rouge ou mauve suivant le sol.

Feuillage : feuilles de forme elliptique et incurvées. Les bords sont faiblement dentés, l'extrémité est pointue. L'aspect est gaufré et la couleur vert sombre.

Port : petit buisson peu formé.

Floribondité : bonne.

Culture : vérifier le drainage avant la plantation.

Utilisation : en pot ou en jardinière avec d'autres variétés, protégé des gelées de printemps.

1 à 1,20 m	15 à 20 cm	mi-ombre	abondant	moyenne	juill. et août

Gwenlin

Classification : *macrophylla.*

Origine : incertaine.

Inflorescence : plate. Les fleurs fertiles bleues au centre sont parsemées de fleurs stériles, irrégulièrement réparties. Fleurs stériles de 4 à 6 sépales, elliptiques, à bords entiers et disjoints. La couleur est blanche.

Feuillage : feuilles ovales-elliptiques, longues, à bords très finement dentés et à extrémité pointue à acuminée. La surface est plate et l'aspect brillant.

Port : buisson large et souple.

Floribondité : bonne.

Utilisation : en sous-bois ou dans un grand espace à lumière tamisée, protégé des gelées de printemps.

Intérêt : le bon compromis entre la légèreté de la fleur plate et la générosité de l'inflorescence en boule.

1,40 à 1,60 m	20 à 25 cm	m -ombre à ombre	abondant	moyenne	juill. et août

1,20 m	12 à 20 cm	mi-ombre	moyen	bonne	juill. à oct.

Hanabi

Synonymes : 'Feu d'artifice', 'Fireworks', 'Feuerwerk'.

Classification : *macrophylla*.

Origine : Japon.

Inflorescence : plate. Les fleurs stériles doubles sont de couleur blanche, voire très légèrement rosées, et les fleurs fertiles jaunes ou bleues.

Feuillage : feuilles larges à pointe aiguë.

Port : buissonnant et irrégulier. Longues hampes rigides.

Floribondité : sur le bois de l'année. Floraison progressive jusqu'à l'automne.

Utilisation : en massif, plante à voir de près.

Intérêt : une variété remontante, qui a des fleurs fraîches jusqu'en automne.

1,80 à 2,20 m	15 à 20 cm	mi-ombre à ombre	moyen	très bonne	juill. et août

Hatsushimo

Classification : *macrophylla*.

Origine : Japon.

Inflorescence : grande et plate. Fleurs fertiles roses ou bleues. Environ 8 fleurs stériles à 4 grands sépales joints, arrondis, à bords entiers ou légèrement dentés.

Feuillage : feuilles longues de forme obovale irrégulière et plates ou en V, brillantes, à nervures régulières et droites. La couleur est vert franc. Certaines pousses peuvent apparaître panachées de nombreux filets ou taches blanches.

Port : grand buisson large et imposant.

Floribondité : bonne.

Utilisation : isolé ou en massif de la même variété, à l'ombre d'un couvert végétal ou le long d'un grand mur à masquer.

Intérêt : une variété de dimension impressionnante.

1,60 m	10 à 15 cm	soleil à mi-ombre	faible	très bonne	juill. à sept.-oct.

Hills of Snow

Classification : *arborescens*.

Origine : Pieter Zwijnenburg, Pays-Bas, 1990. Très proche de *H. arborescens* ssp. *arborescens*.

Inflorescence : plate. Fleurs stériles en pourtour, blanches, à sépales à bords entiers et à sommet pointu, se chevauchant.

Feuillage : feuilles ovales et cordiformes, à denture très prononcée, mates et gaufrées. Envers vert clair.

Port : arbuste dressé et très abondant.

Floribondité : très bonne.

Culture : même si le tailler les premières années n'est pas nécessaire, on peut le rabattre à 30 ou 50 cm du sol pour avoir un aspect plus frais au printemps.

Utilisation : en haie vive et généreuse ou pour éclairer un fond de massif.

Intérêt : une variété très rustique.

Hobella

Classification : *macrophylla.*

Origine : Koos et Wilco Hofstede, Pays-Bas, 1994.

Inflorescence : plate. Nombreuses fleurs stériles recouvrant en partie les fleurs fertiles. Les fleurs sont d'un rose très doux, à sépales ronds et en cuiller. Elles s'aplatissent et deviennent rouge soutenu en fin d'été.

Feuillage : clair et vigoureux, feuilles régulières, pointues et incurvées.

Port : buisson fourni et régulier.

Floribondité : bonne.

Utilisation : pour massifs en situation protégée. Variété aussi très belle en pot.

Intérêt : un hortensia unique pour sa couleur rose pâle et ses inflorescences toutes en rondeur. C'est une très belle fleur d'été qui mérite d'être plus cultivée.

1,20 à 1,40 m	15 cm	mi-ombre à ombre	abondant	faible	juill. à sept.

Hortulanus Witte

Classification : *macrophylla.*

Origine : D. Baardse, Pays-Bas, 1915.

Inflorescence : plate. Les fleurs fertiles au centre sont de couleur bleue ou mauve. Les fleurs stériles irrégulièrement réparties, surtout au pourtour, ont 4 ou 5 sépales, à bords irréguliers, plats, de couleur bleu pâle ou mauve pâle.

Feuillage : feuilles de forme elliptique, larges, à bords faiblement dentés, pointues ou acuminées.

Port : buisson large et touffu.

Floribondité : bonne.

Utilisation : en massif de fond de jardin ou en haie, dans un espace protégé.

Intérêt : une belle floraison fraîche en août.

1,30 à 1,50 m	12 à 18 cm	mi-ombre	abondant	bonne	mi-juill. à sept.

Io

Classification : *macrophylla.*

Origine : Japon.

Inflorescence : plate. Les fleurs stériles en pourtour sont elliptiques, de taille irrégulière, à 4 ou 5 sépales pointus qui se chevauchent en partie. Les bords sont entiers ou irréguliers. La couleur est blanche. L'envers est rose, pigmenté de rouge en fin de floraison.

Feuillage : feuilles longues et pointues, en amande effilée. La couleur est vert amande, brunissant en fin de période. L'aspect est mat.

Port : buisson de bonne tenue. Le bois est sombre.

Floribondité : bonne. Remontant en août.

Utilisation : en massif, avec d'autres variétés, protégé du soleil en milieu de journée.

Intérêt : une plante à bon développement très rustique.

1,20 à 1,40 m	10 à 15 cm	soleil à mi-ombre	moyen	très bonne	juin-juill. à août

Étincelles d'or et de diamants…

Petits points verts, qui pâlissent et éclosent, en laissant surgir les étamines blanches. Comme une surface qui se couvre progressivement d'un manteau neigeux. À rendre jaloux les fiers sépales des fleurs stériles qui s'effacent en pourtour.

Page de gauche, de haut en bas

Papillon

De radieux boutons sur le point d'éclore pour se métamorphoser en gracieux papillons blancs…
▷ Voir p. 135

Discolor

Nuage de fleurs minuscules à admirer de près, d'autant qu'elles sont parfumées. Une rareté dans le monde des hortensias.
▷ Voir p. 88

Page de droite, de haut en bas et de gauche à droite

H. sikokiana

Un délicat début de floraison. Le blanc cherche à émerger dans cet univers vert tendre…

Hirta

Un surgissement d'étamines comme un chant d'appel à la pollinisation.
▷ Voir p. 148

Macrosepala

Un élégant col de dentelle habille la fleur.

Mariesii Grandiflora

Bel arbuste lumineux en début d'été, à larges fleurs blanches ou rose très pâle.
▷ Voir p. 100

1,20 à 1,40 m	12 à 18 cm	mi-ombre à ombre	moyen	très bonne	juill. à oct.

Izu-no-hana

Classification : *macrophylla.*

Origine : péninsule d'Izu, Japon.

Inflorescence : plate. Fleurs fertiles bleues au centre, quelques fleurs stériles en pourtour au bout de longs pédicelles, à 3 ou 4 rangs de sépales. Ils sont de forme allongée et étroite, à bords entiers. La couleur est bleu pâle ou mauve en fonction de la nature du sol.

Feuillage : feuilles elliptiques, à bords faiblement dentés et ondulés. L'aspect est nervuré et brillant.

Port : buisson arbustif et dégingandé.

Floribondité : bonne.

Utilisation : en massif, parmi d'autres plantes ou variétés, en situation lumineuse mais protégée du soleil de l'après-midi.

Intérêt : l'une des fleurs les plus belles, fine et nuancée.

1,60 à 1,80 m	20 à 25 cm	ombre	abondant	bonne	juill. et août

James Grant

Synonyme : 'Stourton Lace'.

Classification : *macrophylla.*

Origine : James Grant, Grande-Bretagne, avant 1940.

Inflorescence : plate. Fleurs fertiles, au centre, de couleur rose ou bleue. Nombreuses fleurs stériles au pourtour, à 4 grands sépales, de forme ovale, à bords irrégulièrement dentés, disjoints à la base. La couleur est blanche, légèrement nuancée de rose ou de bleu.

Feuillage : grandes feuilles de forme ovale, pointues, à bords dentés. L'aspect est mat.

Port : grand buisson dressé et plat.

Floribondité : très bonne.

Utilisation : en massif dans un fond de jardin ou un grand espace lumineux et aéré, protégé des gelées.

Intérêt : des dimensions généreuses du buisson et des fleurs.

1,60 à 1,80 m	12 à 18 cm	mi-ombre à ombre	moyen	très bonne	mi-juill. à sept.

Jean Varnier

Classification : *macrophylla.*

Origine : Robert Mallet, France, 1994.

Inflorescence : plate. Les nombreuses fleurs stériles en pourtour recouvrent partiellement les fleurs fertiles du centre. Les 4 sépales des fleurs sont ovales et en pointe. La couleur est rose très pâle ou bleu lilas.

Feuillage : feuilles à base plate, ovales, en pointe. L'aspect est gaufré et brillant.

Port : grand arbuste large et bien formé.

Floribondité : très bonne.

Utilisation : en lisière de sous-bois ou le long d'un grand mur.

Intérêt : cet hortensia est proche de 'Lanarth White', avec lequel on pourra l'associer. D'une rusticité remarquable, pour toutes régions.

Jogasaki

Classification : *macrophylla.*

Origine : péninsule d'Izu, Japon.

Inflorescence : plate. Cœur vert pâle ou rose. Une dizaine de fleurs stériles doubles ou pleines en pourtour, de couleur rose à mauve en fonction du sol.

Feuillage : feuilles longues, pointues et torsadées, devenant rose-mauve à l'automne.

Port : buisson très fourni et élancé. Longues tiges.

Floribondité : moyenne.

Utilisation : en massif protégé dans n'importe quelle région, à voir de près.

Intérêt : des fleurs très belles qui tiennent longtemps et prennent une superbe teinte rouge carmin à l'automne.

1,60 à 1,80 m	10 à 15 cm	mi-ombre à ombre	moyen	moyenne	juill. à nov.

Juno

Synonyme : 'Hera'.

Classification : *macrophylla.*

Origine : Robert Mallet, France, 1978. Issu de Hilliers Nursery aux États-Unis.

Inflorescence : plate. Fleurs fertiles roses ou mauves au centre. Fleurs stériles au pourtour à 4 sépales larges et pointus, à bords dentés et se chevauchant. La couleur varie : blanc teinté de rose mauve, puis rose tacheté de rouge avant de se retourner rose-rouge.

Feuillage : feuilles de forme ovale-elliptique allongée, à bords dentés, à bout très pointu ou acuminé. L'aspect est mat, la couleur vert marginé de rouge.

Port : buisson fourni et régulier.

Floribondité : très bonne.

Utilisation : en massif bien éclairé, mais protégé du soleil de l'après-midi.

Intérêt : une variété proche de 'Mariesii Lilacina'.

1,20 m	10 à 15 cm	mi-ombre	moyen	très bonne	juill. à sept.

Kardinal

Classification : *macrophylla.*

Origine : Wädenswil, Suisse, 1987.

Inflorescence : plate. Les fleurs fertiles, d'abord crème puis roses ou mauves, sont entourées d'un double rang irrégulier de fleurs stériles à sépales entiers, larges à la base et en pointe arrondie, rouge écarlate ou pourpre en fonction de l'acidité du sol.

Feuillage : feuilles elliptiques, à bords nettement dentés, pointues ou acuminées. L'aspect est gaufré. La couleur est vert sombre marginé de rouge.

Port : buisson dressé, large et vigoureux, bombé.

Floribondité : très bonne. Remontant.

Utilisation : supporte des conditions très variées, dans toutes régions, s'il a de l'ombre et de la fraîcheur.

Intérêt : brillance et générosité de la floraison estivale.

1,10 à 1,30 m	10 à 15 cm	soleil à mi-ombre	moyen	très bonne	juill. à sept.

1,40 m	15 à 20 cm	mi-ombre	moyen	bonne	juill. à sept.

Klaveren

Classification : *macrophylla.*

Origine : Pierre Michel Kerneur, France, vers 1990.

Inflorescence : grande et plate. De 10 à 15 fleurs stériles en pourtour. Les sépales sont arrondis, à bords légèrement dentés, se chevauchant. La couleur blanche se teinte rapidement en rose pâle, avec le cœur plus clair. Les fleurs se retournent ensuite, et l'envers est rose fuchsia nervuré de rouge.

Feuillage : feuilles elliptiques, larges, à bords dentés et à bout acuminé, gaufrées et mates. La couleur, vert clair, brunit en fin de période.

Port : buisson arbustif, souple et large. Bois brun.

Floribondité : très bonne.

Utilisation : en massif ou en haie, dans un grand jardin ombragé.

Intérêt : une très belle variété rose-mauve, aux teintes inimitables, en été comme en automne.

1,20 m	10 à 15 cm	mi-ombre à ombre	moyen	très bonne	juill.

Lanarth White

Classification : *macrophylla.*

Origine : Williams, Grande-Bretagne, 1949.

Inflorescence : plate. Les fleurs stériles sont blanches, à 4 sépales acuminés.

Feuillage : feuilles vert pâle, brillantes.

Port : buissonnant. Bois fin et régulier, le bois de l'année est vert tendre.

Floribondité : très bonne et remontant. Le feuillage est masqué par une couverture de fleurs.

Utilisation : en massif ou isolé, pour faire une tache blanche bien formée.

Intérêt : cette variété est remontante et elle supporte une exposition plus ensoleillée que la plupart des *macrophylla* à inflorescences blanches.

1,50 à 1,80 m	15 à 20 cm	mi-ombre	moyen	bonne	juill. et août

Lemon Wave

Classification : *macrophylla.*

Origine : inconnue.

Inflorescence : plate. Fleurs fertiles rose ou bleu pâle. Les fleurs stériles ont 4 ou 5 sépales irréguliers, arrondis, à bords entiers ou légèrement dentés, ne se chevauchant pas ou peu, blancs ou très clairs.

Feuillage : feuilles longues, de forme irrégulière ovale ou elliptique, pointues. Les bords sont très irrégulièrement ou grossièrement dentés. Les couleurs sont vert franc, vert mat, blanc et jaune d'or.

Port : grand buisson haut et droit, fleuri jusqu'au pied.

Floribondité : très bonne. Remontant en août.

Utilisation : isolé, protégé du soleil du milieu de journée, des gelées printanières et des limaces.

Intérêt : cet hortensia se distingue des autres variétés à feuillage panaché par sa forte coloration jaune.

Libelle

Classification : *macrophylla.*

Origine : F. Meier, Wädenswil, Suisse, 1964.

Inflorescence : plate. Fleurs fertiles roses ou d'un beau bleu. Nombreuses fleurs stériles irrégulièrement placées et les recouvrant en partie, à 4 sépales arrondis, en coupe devenant plate, de couleur blanc pur se teintant de vert tendre avec des reflets vieux rose en fin de saison.

Feuillage : feuilles elliptiques, en cuiller et pointues, d'aspect mat. La couleur vert soutenu légèrement laiteux prend des teintes roses en fin de saison.

Port : grand buisson majestueux, généreux et demi-sphérique. Le bois est fort et vire aussi au rose.

Floribondité : très bonne. Remontant en septembre.

Utilisation : isolé ou en massif de la même variété ou pour éclairer un massif de couleur plus soutenue. Il supporte plusieurs heures de soleil par jour.

1,50 m	15 à 20 cm	mi-ombre	moyen	bonne	déb. juill. à sept.

Love You Kiss

Classification : *macrophylla.*

Origine : Mototeru Yatabe, Japon, vers 1990.

Inflorescence : plate. Fleurs stériles nombreuses, irrégulièrement réparties, à sépales ovales, à bords irréguliers, dentés. Rouges, puis blanches marginées de rouge, elles pâlissent ensuite en fonction de la luminosité, devenant rose pâle avec un liseré rouge.

Feuillage : feuilles elliptiques, longues et plates, pointues ou acuminées, bronze à nervures vertes, devenant vertes légèrement teintées de pourpre et s'assombrissant à nouveau en fin de saison.

Port : petit buisson dressé, irrégulier.

Floribondité : bonne.

Utilisation : en massif, parmi d'autres variétés ou plantes.

Intérêt : la fleur bicolore est très séduisante, beaucoup plus généreuse que 'Kiyosumisawa'.

1 m	15 à 20 cm	mi-ombre à ombre	abondant	moyenne	fin juin à août

Mariesii

Classification : *macrophylla.*

Origine : introduit par Charles Maries en Angleterre en 1879.

Inflorescence : plate. Fleurs fertiles roses ou bleues. Fleurs stériles en pourtour, placées irrégulièrement sur 1 ou 2 rangées, à sépales arrondis, légèrement ovales, à bords entiers, se chevauchant. La couleur est rose ou bleu très pâle, presque blanc.

Feuillage : grandes feuilles plates elliptiques, à bords finement dentés et à sommet acuminé.

Port : buisson robuste et généreux, peu formé.

Floribondité : bonne.

Utilisation : isolé, dans un grand espace protégé.

Intérêt : une plante très ancienne, qui a gardé son aspect sauvage et naturel. Rustique et vigoureuse.

1,50 à 1,80 m	15 à 20 cm	mi-ombre à ombre	moyen	bonne	déb. juill. à août

1,40 à 1,60 m	15 à 20 cm	mi-ombre	abondant	bonne	juill. et août

Mariesii Grandiflora

Synonyme : 'White Wave'.

Classification : *macrophylla.*

Origine : Victor Lemoine, France, 1904.

Inflorescence : plate. Les fleurs fertiles au centre sont de couleur rose ou bleue. Les fleurs stériles en pourtour ont 4 sépales à bords irrégulièrement dentés, blancs ou rose très pâle.

Feuillage : grandes feuilles plates, larges et acuminées. Les bords sont régulièrement dentés. L'aspect est gaufré.

Port : grand buisson ouvert et large.

Floribondité : très bonne.

Utilisation : cette plante a besoin de beaucoup de lumière pour avoir une floraison généreuse.

Intérêt : un très bel arbuste lumineux en début d'été.

1,30 à 1,50 m	15 cm	soleil à mi-ombre	moyen	bonne	juill. à sept.

Mariesii Lilacina

Classification : *macrophylla.*

Origine : Victor Lemoine, France, 1904.

Inflorescence : plate. Les fleurs fertiles sont bleues. De 6 à 8 fleurs stériles, disséminées autour, sont plus claires, nuancées du rose pâle au bleu pâle, à 4 sépales distincts.

Feuillage : les feuilles sont longues et pointues.

Port : buisson très fourni.

Floribondité : très florifère.

Utilisation : en bordure d'allée pour observer de près les inflorescences.

Intérêt : des teintes vives et douces, aux mille nuances, du soleil à l'ombre et de l'été à l'automne.

1,60 à 2 m	15 cm	soleil à mi-ombre	moyen	très bonne	mi-juill. à août

Mariesii Perfecta

Synonyme : 'Blue Wave'.

Classification : *macrophylla.*

Origine : Victor Lemoine, France, 1904.

Inflorescence : plate. Fleurs fertiles roses ou bleues au centre et de 6 à 8 fleurs stériles disséminées en pourtour, roses ou bleues, à 4 gros sépales disjoints, à pointe arrondie.

Feuillage : grandes feuilles ovales et plates vert foncé.

Port : buisson bien rond et demi-sphérique. Gros bois.

Floribondité : bonne.

Utilisation : en haie ou isolé, avec de la lumière pour favoriser la floraison.

Intérêt : une plante très rustique, qui supportera tous les climats et toutes les expositions, et restera belle pendant tout l'automne.

Messaline

Classification : *macrophylla.*

Origine : Kientzler, Allemagne, 1989.

Inflorescence : plate. Fleurs stériles en pourtour à 4 sépales, à bords francs ou irréguliers, larges et pointus. Les fleurs stériles, nombreuses, s'ouvrent les unes après les autres, d'abord par le pourtour puis parmi les fleurs fertiles, jusqu'à les recouvrir totalement. La couleur est rose pâle ou mauve.

Feuillage : feuilles de forme elliptique, plates, régulièrement dentées.

Port : buisson à la surface aplatie, bien formé.

Floribondité : très bonne.

Utilisation : en bordure d'allée ou le long d'un muret.

Intérêt : les fleurs et le feuillage ont de belles couleurs d'automne.

1,10 à 1,30 m	10 à 15 cm	mi-ombre	moyen	bonne	déb. juill. à sept.

Mikamba

Classification : *macrophylla.*

Origine : Japon.

Inflorescence : grande et plate. Fleurs fertiles du centre roses ou bleues. Les fleurs stériles en pourtour ont 4 ou 5 grands sépales blanc bleuté, très dentelés.

Feuillage : feuilles ovales, épaisses et brillantes, à bords lisses, à pointe souvent torsadée. Leur forme rappelle les feuilles d'oranger.

Port : buisson ample et retombant, plus large que haut. Bois très souple.

Floribondité : très bonne.

Utilisation : en situation protégée du gel. Il est aussi très élégant dans un grand pot.

Intérêt : le feuillage est persistant en condition protégée (au-dessus de - 5 °C). En cas de gel, il perd ses feuilles, mais elles repoussent très vite.

1,50 m	15 à 20 cm	soleil à mi-ombre	moyen	bonne	déb. juill. à août

Mousmée

Classification : *macrophylla.*

Origine : Louis Cayeux, France, 1967.

Inflorescence : plate. Les fleurs stériles en pourtour, nombreuses et placées irrégulièrement, recouvrent partiellement les fleurs fertiles. Les sépales sont larges et entiers, se chevauchant, rose franc en sol peu acide.

Feuillage : grandes feuilles de forme elliptique arrondie, à bords faiblement dentés, plates, acuminées ou pointues. L'aspect est mat.

Port : buisson vigoureux et érigé, à développement rapide. Le bois est droit.

Floribondité : bonne.

Utilisation : en massif, dans un endroit aéré et dans toutes régions.

Intérêt : une croissance rapide et une floraison généreuse.

1,40 à 1,60 m	12 à 18 cm	mi-ombre	moyen	très bonne	juill. et août

1,30 à 1,50 m	15 à 20 cm	mi-ombre	moyen	très bonne	déb. juill. à août

Nachtigal

Synonyme : 'Blue Sky'.

Classification : *macrophylla.*

Origine : Wädenswil, Suisse, 1979.

Inflorescence : plate. Fleurs stériles en pourtour à longs pédicelles et à 3, 4 ou 5 sépales larges, à bords entiers ou légèrement dentés, pointus. La couleur est bleue, indigo ou mauve.

Feuillage : feuilles de forme ovale, larges et incurvées, à bords dentés, pointues, de couleur vert sombre.

Port : buisson érigé. Gros bois.

Floribondité : bonne.

Utilisation : en massif bien éclairé, mais protégé.

Intérêt : un très beau cultivar connu dans le commerce sous le nom de 'Blue Sky'. Il a été obtenu à partir de 'Enziandom', dont il a la profondeur de la couleur et la rusticité.

1,20 m	15 à 20 cm	mi-ombre à ombre	abondant	bonne	juill. et août

Nadeshiko-gaku

Classification : *macrophylla.*

Origine : Japon.

Inflorescence : plate. Fleurs fertiles bleues au centre, fleurs stériles au pourtour de couleur blanc bleuté, à 4 sépales de forme ovale, larges. Les bords sont dentés, la pointe est arrondie.

Feuillage : feuilles de forme elliptique, étroites et longues, faiblement dentées, pointues ou acuminées. La surface est plate, l'aspect mat.

Port : buisson érigé.

Floribondité : bonne. Remontant en août.

Utilisation : en massif, protégé, le long d'un mur ou à l'orée d'un bosquet.

Intérêt : une fleur très originale à grosse denture ronde, que l'on reconnaît de loin.

1,20 à 1,40 m	15 à 20 cm	mi-ombre à ombre	abondant	bonne	juill. et août

Namping

Classification : *macrophylla.*

Origine : Kees Eveleens, Pays-Bas, 1993.

Inflorescence : grande et plate. Fleurs fertiles centrales bleues ou roses. Nombreuses fleurs stériles placées de façon irrégulière en pourtour et au-dessus des fleurs fertiles, à 4 sépales, s'ouvrant en cuiller au bout de longs pédicelles, larges, arrondis, se chevauchant, de couleur crème, puis bleu pâle ou rose très pâle.

Feuillage : feuilles ovales, allongées, à bords finement dentés, pointues, vert pâle.

Port : buisson érigé. Bois droit et long.

Floribondité : bonne.

Utilisation : en massif, dans un endroit protégé des gelées de printemps et du soleil de l'après-midi.

Intérêt : des fleurs légères, douces et généreuses.

Papagei

Classification : *macrophylla.*

Origine : Wädenswil, Suisse, 1987.

Inflorescence : plate. Grandes fleurs stériles sur le pourtour. Les 4 ou 5 sépales, larges et arrondis, ont des bords entiers ou légèrement dentés. La couleur est mauve ou pourpre en fonction du sol.

Feuillage : feuilles elliptiques, légèrement en cuiller, pointues. Les bords sont dentés et facilement ourlés. La couleur verte se teinte de bronze en fin de saison.

Port : buisson compact et large.

Floribondité : très bonne.

Utilisation : en massif, protégé des gelées de printemps et des à-coups thermiques.

Intérêt : de belles fleurs majestueuses, fragiles, mais remarquables parmi les autres variétés de fleurs plates.

1,10 à 1,30 m	20 à 25 cm	mi-ombre	abondant	moyenne	juill. et août

Pfau

Classification : *macrophylla.*

Origine : Wädenswil, Suisse, 1983.

Inflorescence : plate. Fleurs fertiles bleues. Les fleurs stériles au pourtour sont à 4 sépales en cuiller, formant une gorge à l'extrémité, à bords entiers. La couleur est bleu outremer, prenant ensuite des tons mauves ou magenta.

Feuillage : feuilles elliptiques, dressées et incurvées, à bords faiblement dentés, pointues. L'aspect est brillant.

Port : petit buisson rond et bien formé.

Floribondité : très bonne.

Utilisation : en massif ou en bordure d'allée, à associer avec d'autres variétés de couleurs complémentaires.

Intérêt : un des rares petits buissons à fleurs plates bleues, avec de superbes nuances profondes.

1 à 1,20 m	10 à 15 cm	mi-ombre	moyen	bonne	mi-juill. à sept.

Radiata

Classification : *H. arborescens* ssp. *radiata.*

Origine : Caroline du Nord et du Sud, Tennessee, États-Unis. Identifié par McClintock.

Inflorescence : plate. Fleurs stériles plus nombreuses et plus grandes que les autres variétés du type. Sépales blancs, à bords entiers, pointus et se chevauchant.

Feuillage : feuilles ovales, à bords dentés et d'aspect mat. L'envers des feuilles est argenté.

Port : large buisson souple et moins ordonné que les autres *arborescens.* Drageonnant.

Floribondité : très bonne.

Utilisation : en sous-bois pour un parc ou un grand jardin. Son origine en altitude plus élevée que les autres *arborescens* le rend moins tolérant à la chaleur.

Intérêt : les inflorescences nombreuses et leur grande taille illumineront un massif. Fleur un peu parfumée.

1,50 à 2 m	10 à 18 cm	mi-ombre à ombre	faible	très bonne	juill. à sept.-oct.

1,20 à 1,40 m	15 à 20 cm	mi-ombre	moyen	très bonne	juill. à sept.

Rotdrossel

Classification : *macrophylla.*

Origine : Wädenswil, Suisse, 1987.

Inflorescence : plate. Fleurs stériles nombreuses et disséminées en pourtour. Sépales larges, à bords entiers, devenant légèrement dentés en fin de floraison, de couleur rouge, mauve ou pourpre en fonction de la nature du sol.

Feuillage : feuilles elliptiques, épaisses et incurvées, dentées et acuminées. La couleur est vert sombre marginé de rouge en fin de période.

Port : buisson costaud et épais. Bois fort.

Floribondité : bonne.

Utilisation : en massif aéré, à l'abri du soleil de l'après-midi.

Intérêt : une des variétés d'hortensia à fleurs plates rouges la plus rustique.

1,20 m	12 à 18 cm	mi-ombre	moyen	très bonne	juill. à sept.-oct.

Rotschwanz

Classification : *macrophylla.*

Origine : Wädenswil, Suisse, 1987.

Inflorescence : plate. Fleurs stériles en pourtour à 4 sépales ovales, à bords entiers, pointus, incurvés ou en gouttière, rouge vif ou mauves en sol acide.

Feuillage : feuilles de forme ovale, larges, à bords finement dentés, acuminées. L'aspect est gaufré et brillant. La couleur vert sombre est marginée de rouge.

Port : buisson dressé au sommet aplati.

Floribondité : très bonne.

Utilisation : en massif, dans toutes régions, en situation protégée des gelées de printemps.

Intérêt : des inflorescences caractéristiques en forme d'hélice. Très belles teintes couleur lie-de-vin à l'automne.

1,20 à 1,40 m	12 à 18 cm	mi-ombre	moyen	bonne	fin juin à sept.

Sandra

Classification : *macrophylla.*

Origine : D. van der Spek, Pays-Bas, 2000.

Inflorescence : plate. Fleurs stériles en pourtour à 4 ou 5 sépales arrondis, disjoints à la base et se chevauchant ensuite, à bords entiers. La couleur, blanche en début de floraison, finement marginée de rouge, se pigmente et rosit ensuite en commençant par l'extérieur.

Feuillage : feuilles elliptiques, allongées et pointues, à pétioles et nervures rouges, d'aspect brillant. Vert sombre marginé de rouge, puis brunes à l'automne.

Port : buisson dressé. Les longues tiges peuvent ployer à l'extérieur.

Floribondité : bonne.

Utilisation : en massif parmi d'autres plantes, protégé du soleil de l'après-midi.

Intérêt : de superbes fleurs bicolores, dont l'évolution progressive est un spectacle.

Santiago

Classification : *macrophylla.*

Origine : Challet Hérault, France, vers 1990.

Inflorescence : plate. Fleurs stériles au nombre de 8 en pourtour, à longs pédicelles et 4 sépales ovales à bords entiers se chevauchant. La couleur est rose pâle ou bleu pâle en sol acide.

Feuillage : feuilles ovales au port bombé et retombant, à bords finement dentés, pointues ou acuminées, d'aspect gaufré. La couleur verte se teinte peu à peu de rouge à l'approche de l'automne.

Port : buisson dressé. Grandes tiges, bois rouge.

Floribondité : bonne.

Utilisation : en pot ou en massif, en situation bien éclairée.

Intérêt : une magnifique explosion de couleur rouge des fleurs sèches et du feuillage à l'automne.

1,20 m	10 à 15 cm	soleil à mi-ombre	moyen	bonne	fin juin à juill.

Sea Foam

Synonyme : 'Maritima'.

Classification : *macrophylla.*

Origine : introduit par Philipp von Siebold sous le nom de 'Azisai' et nommé 'Sea Foam' par M. Haworth-Booth.

Inflorescence : plate. Fleurs fertiles bleues, fleurs stériles blanches au pourtour à 4 sépales en losange, à bords entiers ou irréguliers, disjoints à la base.

Feuillage : feuilles elliptiques, longues et pointues, très dressées, finement dentées, à nervures régulières.

Port : buisson érigé.

Floribondité : bonne.

Utilisation : peut être exposé en zone littorale au soleil et au vent, mais préfère l'ombre en zone continentale. Pour un grand espace ou le long d'une allée.

Intérêt : l'un des premiers hydrangeas introduits en Europe, parmi les plus rustiques et élégants. Il gardera toujours une allure naturelle et sauvage.

1,80 à 2 m	12 à 18 cm	soleil à ombre	moyen	bonne	déb. juill. à sept.

Selina

Classification : *macrophylla.*

Origine : D. van der Spek, Pays-Bas, 2002.

Inflorescence : plate. Fleurs stériles bien rangées en pourtour, à sépales de taille irrégulière et se chevauchant ou joints à la base, à bords entiers, pointus. La couleur est jaune marginé de rose à l'ouverture, devenant progressivement fuchsia ou pourpre en sol acide.

Feuillage : feuilles elliptiques, pointues ou acuminées, à port légèrement retombant, d'aspect gaufré. La couleur vert sombre s'éclaircit et se tache de bronze au soleil.

Port : buisson dressé et ouvert.

Floribondité : très bonne.

Utilisation : en massif, parmi d'autres plantes, à l'abri des à-coups thermiques.

Intérêt : une couleur fuchsia des fleurs incomparable.

1,30 à 1,50 m	12 à 18 cm	mi-ombre	moyen	bonne	juin à août

Des étoiles par milliers...

Artistes, à vos pinceaux, à vos crayons, soyez étonnés de la lumière, des formes, du relief, de ces étoiles, de ces dentelles, si fines et émouvantes.
Les bleus sont toniques ou doux.
Les formes sont nettes ou fragiles, le port est arrogant ou romantique.
Soyez dans l'instant. Dans quelques jours, la scène sera différente.

Page de gauche, de haut en bas

Jogasaki

De superbes fleurs doubles ou pleines, roses à mauves, qui se laissent admirer jusqu'à l'automne.
▷ Voir p. 97

Étoile violette

Fleurs à sépales sur trois rangs, de couleur bleu liliacé ou rose pâle, qui portent bien leur nom.
▷ Voir p. 89

Miyama-yae-murasaki

Fleurs bleu mauve, à sépales multiples de plus en plus petits, qui finissent par se blottir.
▷ Voir p. 120

Page de droite, de haut en bas et de gauche à droite

Amethyst

Petite boule de fleurs doubles à sépales fortement dentés. Si fragiles…
▷ Voir p. 34

Izu-no-hana

Fleurs bleu pâle ou mauves au bout de longs pédicelles. L'une des plus fines et nuancées.
▷ Voir p. 96

Blue Billow

Fleurs à sépales ronds bleu pâle, aux riches reflets roses et mauves.
▷ Voir p. 111

Frillibet

Larges fleurs blanc crème passant progressivement au bleu pâle. Frilosité des formes et des teintes.
▷ Voir p. 46

Massif fleuri

Une cascade de fleurs, aux teintes pâles, du plus bel effet dans un coin ombré du jardin.

1,20 à 1,50 m	20 cm	mi-ombre à ombre	moyen	bonne	mi-juill. à août-sept.

Tricolor

Classification : *macrophylla.*

Origine : Japon. Importé en Europe avant 1860.

Inflorescence : grande et plate. Fleurs fertiles au centre rose ou bleu pâle. Fleurs stériles en pourtour à 4 sépales arrondis blancs, devenant rose très pâle.

Feuillage : feuilles ovales ou irrégulières, panachées de blanc, vert-de-gris et vert pistache.

Port : buisson assez droit et compact au soleil, plus élancé et désordonné à l'ombre.

Floribondité : très abondante. Remontant.

Culture : éviter l'exposition trop forte au soleil qui peut faire griller les parties blanches du feuillage.

Utilisation : isolé pour éclairer un espace ombré ou en massif pour rompre la monotonie des feuillages verts.

Intérêt : le feuillage panaché de blanc donne une impression de floraison dès le début du printemps.

1,40 à 1,60 m	15 à 20 cm	mi-ombre à ombre	moyen	moyenne	mi-juill. à sept.

Twilight

Synonyme : 'Fasan'.

Classification : *macrophylla.*

Origine : Wädenswil, Suisse, 1979.

Inflorescence : plate. Les fleurs stériles, placées irrégulièrement au pourtour, peuvent recouvrir en partie les fleurs fertiles. Les sépales, larges, à bords francs et arrondis ou faiblement pointus, sont de couleur violine à mauve en fonction de la nature du sol.

Feuillage : feuilles de forme ovale, larges et incurvées. La couleur est vert pâle marginé de rouge, brunissant en fin de période.

Port : buisson en coupe, dressé et vigoureux.

Floribondité : bonne.

Utilisation : en massif, protégé des gelées de printemps.

Intérêt : de subtiles nuances de violine à pourpre.

1,60 à 2 m	10 à 15 cm	mi-ombre à ombre	abondant	très bonne	juill. à sept.

Veitchii

Classification : *macrophylla.*

Origine : Japon. Introduit par Charles Maries en Grande-Bretagne en 1881.

Inflorescence : plate. Les fleurs fertiles au centre sont bleues et de 6 à 8 fleurs stériles blanches, à 4 sépales légèrement pointus, sont disposées en pourtour.

Feuillage : feuilles ovales, légèrement gaufrées.

Port : buisson érigé et élancé. Le bois est long et fin.

Floribondité : bonne.

Utilisation : en fond de massif pour donner de la hauteur.

Intérêt : une variété adaptée à toutes les conditions, qui restera belle à l'automne.

Yodogama

Synonyme : 'Azisai'.

Classification : *macrophylla.*

Origine : Japon. Cité par Philipp Franz von Siebold en 1846.

Inflorescence : plate. Fleurs fertiles au centre rose pâle ou bleu pâle. Environ 8 fleurs stériles à 4 sépales, larges et arrondis, à bords entiers, se chevauchant. La couleur est bleu pâle en sol acide.

Feuillage : feuilles elliptiques, ovales ou obovales, bien acuminées, dentées, mates et bien nervurées.

Port : buisson large et bien formé.

Floribondité : très bonne.

Utilisation : isolé ou en massif de la même variété, en situation protégée des gelées de printemps.

Intérêt : cette très belle plante, proche de 'Mariesii Perfecta', a un port plus compact, une floribondité supérieure masquant en grande partie le feuillage en été. Elle sera plus hâtive, et s'éteindra plus vite.

1,10 à 1,30 m	10 à 15 cm	mi-ombre	abondant	bonne	fin juin à juill.

Zaunkönig

Classification : *macrophylla.*

Origine : Wädenswil, Suisse, 1979.

Inflorescence : plate. Fleurs fertiles roses ou mauves, entourées et en partie recouvertes par de grandes fleurs stériles à 4 larges sépales, à bords dentés, se chevauchant. La couleur est rouge écarlate en sol neutre, bleu lavande en sol acide.

Feuillage : feuilles elliptiques, incurvées, à bords bien dentés et acuminées, vert clair marginé de rouge.

Port : buisson dressé. Bois fin et long.

Floribondité : bonne.

Utilisation : protégé des gelées et des grandes chaleurs, en massif, parmi d'autres plantes ou variétés.

Intérêt : 'Zaunkönig' signifie « roitelet » en allemand. Créé en même temps que les autres variétés à nom d'oiseau ('Bergfink', 'Blaumeise', 'Eisvogel', 'Kardinal', 'Rotdrossel'…), il est certainement le plus délicat.

1 à 1,30 m	12 à 18 cm	mi-ombre à ombre	abondant	bonne	déb. juill. à sept.

Zeisig

Classification : *macrophylla.*

Origine : Wädenswil, Suisse, 1979.

Inflorescence : plate. Les fleurs stériles en pourtour sont à 4 sépales larges et arrondis, légèrement en cuiller. Les bords des sépales sont entiers ou finement dentés. La couleur est rouge ou mauve en sol acide.

Feuillage : feuilles de forme elliptique, larges et incurvées. Les bords sont finement dentés et le bout est acuminé. L'aspect est gaufré.

Port : buisson compact. Bois fort.

Floribondité : bonne.

Utilisation : en situation aérée, mais protégée des gelées printanières et du soleil de l'après-midi.

Intérêt : de grandes fleurs, qui restent belles en sèchant.

1 à 1,20 m	15 à 20 cm	mi-ombre	abondant	bonne	juill. à sept.

1 à 1,20 m	5 à 10 cm	mi-ombre	moyen	très bonne	juin

Amagi Amacha

Classification : *serrata.*

Origine : Japon. Décrit par le Dr Makino en 1932.

Inflorescence : petite et plate. De 4 à 6 fleurs stériles au pourtour. Les 3 ou 4 sépales blancs, de forme ovale, à bords entiers et pointus, ne se chevauchent pas.

Feuillage : feuilles elliptiques, étroites et allongées. Le bout est très acuminé. Les bords sont à peine dentés. La surface est plate et l'aspect mat. La couleur vert tendre vire au bronze en fin de période.

Port : petit buisson arbustif et large. Grandes tiges portant chacune plusieurs inflorescences.

Floribondité : bonne.

Utilisation : en pot ou en petit massif.

Intérêt : une plante au feuillage sucré. À rapprocher de la variété 'Oamacha', qui a aussi beaucoup de similitude avec *H. serrata* ssp. *angustata.*

0,40 à 0,60 m	4 à 8 cm	mi-ombre à ombre	moyen	bonne	juin et juill.

Angustata

Classification : *H. serrata* ssp. *angustata.*

Origine : Japon.

Inflorescence : plate. Les fleurs fertiles, peu nombreuses, sont entourées par 4 à 6 fleurs stériles, à 4 sépales, à bords entiers, pointus. La couleur est blanche, devenant rose en fin de floraison.

Feuillage : feuilles de forme elliptique, étroites et longues, dentées et très acuminées. L'aspect est mat. La couleur verte se teinte de rouge en fin d'été.

Port : buisson à petit développement. Bois fin et sinueux.

Floribondité : bonne.

Utilisation : en massif ou en parterre, protégé du soleil et des à-coups thermiques.

Intérêt : *H. serrata* ssp. *angustata* regroupe plusieurs plantes à petit développement, à fleurs pleines, blanches. On trouve des cultivars de cette sous-espèce en Europe.

0,80 à 1 m	8 à 12 cm	mi-ombre à ombre	moyen	moyenne	juin à août

Belladone

Classification : *serrata.*

Origine : Japon. Variété ancienne.

Inflorescence : en boule. Les fleurs stériles ont 4 ou 5 sépales de taille irrégulière, plats, à bords entiers et à bout pointu. La couleur est rose pâle ou bleu porcelaine en sol acide.

Feuillage : feuilles longues de forme elliptique. Les bords sont dentés et l'extrémité est longuement acuminée. La surface est plate et l'aspect mat. La couleur verte vire au bronze en fin de période.

Port : petit buisson gracile.

Floribondité : bonne.

Utilisation : en pot ou en bordure de massif protégé.

Intérêt : un petit hortensia miniature qui a sa place dans un écrin protégé.

Beni-gaku

Classification : *serrata.*

Origine : Japon.

Inflorescence : plate. Fleurs fertiles bleues au centre. Fleurs stériles en pourtour, à 3 ou 4 sépales, de forme ovale, à bords entiers et pointus, joints à la base. La couleur est blanche en début de floraison, rougissant rapidement ensuite.

Feuillage : feuilles de forme ovale, à bords dentés, à pointe acuminée. La surface est légèrement gaufrée. L'aspect est mat. La couleur est vert pâle, rougissant progressivement en cours de période.

Port : buisson arbustif en V. Bois brun.

Floribondité : très bonne.

Utilisation : en pot, en massif, supportant plus le soleil que la plupart des *serrata*.

1 m	8 à 12 cm	soleil à mi-ombre	moyen	très bonne	juin

Beni-yama

Classification : *serrata.*

Origine : Japon.

Inflorescence : plate. Les fleurs stériles, au nombre de 4 à 6, entourent les fleurs fertiles. Les sépales sont de forme ovale, larges, à bords entiers et pointus. La couleur blanche vire rapidement au rouge carmin.

Feuillage : feuilles de forme ovale, à bords dentés, à pointe acuminée. La surface est légèrement gaufrée. L'aspect est mat. La couleur est vert pâle, virant au pourpre sombre quand il est exposé au soleil.

Port : petit buisson fourni. Bois rouge.

Floribondité : bonne.

Utilisation : en pot ou en massif. L'exposition ensoleillée est supportée, cependant la fin de floraison sera plus élégante si la plante est à mi-ombre.

1 à 1,20 m	8 à 10 cm	soleil à mi-ombre	moyen	bonne	juin

Blue Billow

Classification : *serrata.*

Origine : Richard Lighty, États-Unis, 1966.

Inflorescence : plate. Les fleurs fertiles sont bleu pâle et les fleurs stériles, en pourtour, sont au nombre de 4 à 8. Elles ont 4 sépales ronds, se chevauchant, de couleur bleu pâle.

Feuillage : feuilles elliptiques, à bords dentés et très acuminées. La surface est gaufrée et l'aspect brillant. La couleur vert tendre est marginée de noir.

Port : buisson rond et bien formé.

Floribondité : très bonne.

Utilisation : en pot, en bordure d'allée ou de massif. Variété impressionnante de près comme de loin.

Intérêt : de superbes couleurs de fleurs et formes de feuillage. Une variété rustique à découvrir.

0,80 à 1 m	8 à 12 cm	soleil à m -ombre	moyen	très bonne	juin et juill.

1,20 à 1,40 m	10 à 15 cm	mi-ombre	moyen	très bonne	fin juin à sept.-oct.

Blue Bird

Synonyme : 'Aigaku'.

Classification : *serrata.*

Origine : Japon. Variété ancienne.

Inflorescence : plate. Fleurs fertiles bleues. Environ 8 fleurs stériles sont régulièrement placées au pourtour. Les 4 sépales plats, arrondis, à bords entiers et disjoints à la base donnent à la fleur une belle forme de croix. La couleur est bleu très pâle ou blanc.

Feuillage : feuilles fines, elliptiques, dentées et acuminées, plates, vert mat puis bronze en fin d'été.

Port : buisson galbé et fourni.

Floribondité : très bonne.

Utilisation : en massif, isolé ou en grand pot. En évitant le soleil direct, il peut être très sobre.

Intérêt : une des variétés de *serrata* les plus résistantes, à la plus longue floraison et aux couleurs de fleurs et de feuilles charmantes à l'automne.

1,20 à 1,40 m	10 à 15 cm	soleil à mi-ombre	moyen	très bonne	fin juin à juill.

Blue Deckle

Classification : *serrata.*

Origine : M. Haworth-Booth, Grande-Bretagne, vers 1950.

Inflorescence : plate, bombée. Fleurs fertiles bleu pâle. Les fleurs stériles, irrégulièrement placées en pourtour, les recouvrent en partie. Sépales en losange, à bords irréguliers, pointus, plats, rose ou bleu pâle.

Feuillage : feuilles ovales-elliptiques, longues, pointues et dentées, vertes virant au bronze en cours de période.

Port : buisson bien formé et arrondi.

Floribondité : très bonne. Remontant en septembre.

Utilisation : en grand pot, en massif, mais aussi isolé, dans toutes conditions. L'ombre de l'après-midi permettra d'allonger la durée de floraison.

Intérêt : une variété douce étonnante. Très hâtive et florifère, elle doit être accompagnée en fin d'été par d'autres variétés qui prendront le relais.

0,40 à 0,50 m	5 à 10 cm	mi-ombre	moyen	moyenne	juin et juill.

Chinensis

Classification : *H. serrata* ssp. *chinensis.*

Origine : Chine. Cultivé en Europe depuis 1950.

Inflorescence : plate. Fleurs stériles à 4 sépales ovales, à bords entiers et pointus, se chevauchant. La couleur est rose ou bleu très pâle en sol acide.

Feuillage : petites feuilles de forme elliptique, incurvées, étroites et pointues. Leur longueur est inférieure à 10 cm. La couleur est vert tendre marginé de rouge.

Port : petit buisson en forme de coussin plat. Bois fin et sombre.

Floribondité : moyenne.

Utilisation : dans de petits espaces dédiés et protégés.

Intérêt : c'est une curiosité, intéressante pour le collectionneur plus que pour l'amateur de couleurs flamboyantes.

Chishima

Classification : *serrata.*

Origine : Japon.

Inflorescence : petite et plate. De 6 à 12 fleurs stériles en pourtour, à 4 sépales larges, à bords irréguliers, pointus, de couleur rose ou bleu très pâle. Les fleurs se pigmentent de rouge en fin de floraison.

Feuillage : feuilles elliptiques, peu ou pas dentées, gaufrées et mates, de couleur vert tendre se tachant de rouge. Le port des feuilles est retombant, puis elles se recroquevillent jusqu'à former des rouleaux.

Port : buisson arbustif et ouvert.

Floribondité : moyenne.

Utilisation : en massif parmi d'autres variétés, en situation protégée et aérée.

Intérêt : un port de feuillage curieux. Les tiges peuvent prendre un aspect étrange avec les feuilles qui s'enroulent sur elles-mêmes.

1 m	5 à 10 cm	mi-ombre à ombre	abondant	bonne	juin à déb. juill.

Diadem

Classification : *serrata.*

Origine : inconnue. Cultivé par M. Haworth-Booth en Grande-Bretagne avant 1962.

Inflorescence : petite et plate. Fleurs fertiles bleues. Les fleurs stériles sont à 3 sépales ovales et pointus, à bords entiers ou légèrement dentés, joints à la base. La couleur est rose pâle en sol neutre ou bleu pâle.

Feuillage : petites feuilles de forme ovale-elliptique, très étroites, à bords faiblement dentés, à pointe acuminée. La couleur vert tendre se teinte de rouge en cours de saison.

Port : petit buisson large et compact.

Floribondité : bonne. Remontant en septembre.

Utilisation : en pot, en jardinière ou en petit massif.

Intérêt : un des *serrata* les plus hâtifs.

0,80 à 1 m	8 à 12 cm	mi-ombre	moyen	très bonne	déb. juin à sept.

Ezo Hoshino

Classification : *serrata.*

Origine : Numao San, Japon, vers 1990.

Inflorescence : plate. Fleurs fertiles de couleur pâle. Les fleurs stériles, au nombre de 8, sont régulièrement placées au pourtour. Les 4 ou 5 sépales, de forme ovale arrondie, à bords entiers et se chevauchant, sont bleu pâle en sol acide.

Feuillage : grandes feuilles larges, elliptiques, finement dentées et acuminées, plates et gaufrées, vert clair.

Port : petit buisson dressé.

Floribondité : bonne.

Utilisation : en massif ou en haie, en situation lumineuse, mais peu exposée au soleil direct.

Intérêt : des fleurs très régulières, donnant un aspect beaucoup plus formel et ordonné que la plupart des *serrata*.

1 à 1,20 m	10 à 15 cm	mi-ombre	moyen	bonne	juin

1 à 1,20 m	10 à 15 cm	mi-ombre	moyen	bonne	juin à juill.

Golden Sunlight

Classification : *serrata.*

Origine : Kolster, Pays-Bas, 1995.

Inflorescence : plate. Fleurs fertiles roses ou bleues. Les fleurs stériles au nombre de 4, le plus souvent positionnées en rectangle, ont 3 ou 4 sépales ronds, dentés. La couleur est blanche, puis blanc taché de rose.

Feuillage : feuilles ovales-elliptiques, à bords dentés et très acuminées. De jaune très pâle au début, elles virent au vert pâle et se tachent de roux en cours d'été.

Port : buisson arbustif dressé.

Floribondité : bonne.

Utilisation : en pot ou en massif, de la même variété ou parmi d'autres *serrata.*

Intérêt : sport de 'Intermedia', elle en possède les caractéristiques générales. C'est au printemps, quand son feuillage est jaune d'or, qu'elle est unique. Mais sa couleur pâle la rend plus fragile au soleil.

1,20 à 1,40 m	10 à 15 cm	soleil à mi-ombre	moyen	très bonne	juin à sept.

Graciosa

Classification : *serrata.*

Origine : pépinière Côte Sud des Landes, 1990.

Inflorescence : plate. Les fleurs fertiles bleu pâle sont entourées de fleurs stériles, au nombre de 10 à 12, à 4 sépales plats, ovales et joints à la base. La couleur rose tendre en sol neutre a des reflets bleu cobalt taché de rouge en sol acide. Les fleurs prennent ensuite une belle teinte vieux rouge.

Feuillage : feuilles elliptiques, allongées et pointues, de couleur vert tendre marginé de rouge. Les nervures sont rouges. La couleur vire au bronze en cours d'été.

Port : buisson arbustif érigé et ouvert.

Floribondité : très bonne.

Utilisation : en haie ou en fond de massif, en situation lumineuse pour qu'il prenne de belles couleurs d'été.

Intérêt : obtenu à partir d'un semis de 'Preziosa', il en a la richesse, avec des teintes vives d'été et d'automne.

1,40 à 1,60 m	10 à 15 cm	soleil à mi-ombre	moyen	très bonne	juin à sept.-oct.

Grayswood

Classification : *serrata.*

Origine : Japon. Importé par Chambers en Grance-Bretagne en 1888.

Inflorescence : plate. Fleurs stériles à 4 sépales en losange, à bords entiers, joints à la base. La couleur blanc au début passe progressivement au rose, puis au rouge en fin de floraison.

Feuillage : feuilles elliptiques, étroites et longues, très finement dentées et acuminées. La couleur vert pâle se teinte de rouge ensuite.

Port : grand buisson arbustif, élancé et haut.

Floribondité : bonne.

Utilisation : en grand massif ou en haie vive. Cet hortensia tolère la plupart des expositions, mais prend tout son intérêt au soleil.

Intérêt : la palette de ses couleurs et leur évolution progressive pendant la saison sont spectaculaires.

Hallasan

Synonyme : 'Spreading Beauty'.

Classification : *serrata.*

Origine : Corée. Importé par Robert et Jelena de Belder en Belgique en 1976.

Inflorescence : plate. Les fleurs stériles en pourtour, souvent au nombre de 6, ont entre 4 et 6 sépales. De forme ovale irrégulière, les bords sont entiers et se chevauchent. La couleur est rose ou mauve en sol acide.

Feuillage : feuilles de forme ovale, à bords fortement dentés, acuminées. La surface est plate et l'aspect mat et gaufré. La couleur est vert sombre, brunissant ensuite.

Port : petit buisson nain et stolonifère. Bois sombre.

Floribondité : bonne.

Utilisation : en petit massif, dans un endroit ou il pourra s'étendre. Peut être utilisé comme couvre-sol.

Intérêt : une curiosité, tant pour ses fleurs stériles que fertiles, qui ont aussi un grand nombre de pétales.

0,80 à 1 m	5 à 8 cm	mi-ombre	moyen	bonne	juin

Hime-gaku

Classification : *serrata.*

Origine : Japon.

Inflorescence : plate. Les fleurs fertiles sont de couleur bleue. Les fleurs stériles sont à 3, 4 ou 5 petits sépales ovales à bords entiers et pointus, qui se chevauchent. La couleur est rose pâle ou mauve.

Feuillage : feuilles elliptiques, longues et pointues. Les bords ont une denture remarquable, longue et fine. Le bout est longuement acuminé. L'aspect est mat.

Port : petit buisson vaporeux.

Floribondité : bonne.

Utilisation : en pot, en jardinière ou en petit massif, en situation protégée.

Intérêt : la forme des feuilles étonnante crée la surprise, en particulier quand elles se développent au printemps.

1 à 1,20 m	5 à 10 cm	mi-ombre à ombre	moyen	bonne	juin à août

Intermedia

Classification : *serrata.*

Origine : M. Haworth-Booth, Grande-Bretagne, vers 1950.

Inflorescence : plate. Fleurs fertiles bleues. Les 4 fleurs stériles, à 3 ou 4 sépales oblongs, sont le plus souvent positionnées en rectangle. Blanches, elles se pigmentent de rouge en commençant par les extrémités. Elles se retournent ensuite et l'envers, rouge, reste très décoratif jusqu'à l'automne.

Feuillage : feuilles elliptiques, longues, à bout pointu. La surface est plate et l'aspect mat. La couleur vert tendre vire au rouge bronze pendant tout l'automne.

Port : buisson arbustif érigé et aéré. Petit bois rouge.

Floribondité : bonne.

Utilisation : en massif avec d'autres *serrata*. Quelques heures de soleil lui donnent une pigmentation rouge, originale.

1 à 1,20 m	5 à 10 cm	soleil à mi-ombre	moyen	bonne	juin à août

0,80 à 1 m	5 à 8 cm	mi-ombre à ombre	moyen	bonne	juin à juill.

Janis Joplin

Classification : *serrata.*

Origine : Corinne Mallet, France, 1993.

Inflorescence : plate. Fleurs fertiles blanches. De 4 à 8 fleurs stériles à 4 sépales arrondis, à bords entiers. La couleur blanche vire au rouge au moment du retournement des sépales, en fin de floraison.

Feuillage : feuilles de forme lancéolée, fines et très acuminées, à bords faiblement dentés. La couleur vert tendre se tache de brun en cours d'été.

Port : petit buisson généreux et touffu.

Floribondité : très bonne.

Utilisation : en massif ou en bordure, en situation protégée.

Intérêt : une des nombreuses variétés découvertes dans la nature à l'occasion d'expéditions au Japon, pour le plus grand plaisir des collectionneurs.

1,60 à 1,80 m	10 cm	mi-ombre	moyen	moyenne	juin et juill.

Kiyosumisawa

Classification : *serrata.*

Origine : Japon. Mutation trouvée sur le mont Kiyosumi dans la péninsule Boso, au Japon, en 1950.

Inflorescence : plate. De 6 à 8 fleurs stériles sont en pourtour, à 4 sépales entiers arrondis, se chevauchant. La couleur est blanc marginé de rose, rosissant progressivement avant de se retourner.

Feuillage : petites feuilles ovales, à bords dentés et à pointe acuminée. La surface est gaufrée. La couleur vert tendre est marginée de rouge.

Port : buisson arbustif, droit et haut.

Floribondité : très bonne.

Culture : ne pas hésiter à tailler cet arbuste chaque année pour lui donner une forme plus compacte. Un bon drainage au départ est nécessaire.

Utilisation : en massif ou en haie de la même variété.

0,60 à 0,80 m	5 à 8 cm	mi-ombre	moyen	bonne	juin

Koreana

Synonyme : *Chinensis koreana.*

Classification : *serrata.*

Origine : probablement de Corée.

Inflorescence : plate, bombée. Fleurs fertiles de couleur bleue. Fleurs stériles à 4 ou 5 sépales ovales arrondis, à bords entiers, se chevauchant. La couleur est bleue avec des reflets mauves.

Feuillage : feuilles elliptiques et pointues, en V au départ, puis retombantes, à bords faiblement dentés. La surface est gaufrée, l'aspect mat, et la couleur verte vire au rouge au soleil.

Port : petit buisson ébouriffé.

Floribondité : bonne.

Utilisation : en massif protégé.

Intérêt : une toute petite variété ancienne dans son état naturel ou sauvage, qui trouvera toujours sa place.

Kurenai

Classification : *serrata.*

Origine : Japon.

Inflorescence : plate. Fleurs fertiles blanches. Fleurs stériles à 3 ou 4 sépales ovales, étroits, à bords entiers et pointus. Blanches au début, elles se teintent rapidement pour devenir rouge vif.

Feuillage : feuilles elliptiques, étroites et très pointues, gaufrées. La couleur vert tendre vire au pourpre.

Port : petit buisson arbustif.

Floribondité : très bonne.

Utilisation : en massif ou en bordure, parmi d'autres variétés de *serrata*. Le soleil rendra les teintes plus vives, mais raccourcira la durée de la floraison.

Intérêt : mélanger 'Kurenai' avec d'autres variétés proches, pour enrichir la palette des couleurs.

1 m	5 à 10 cm	soleil à mi-ombre	abondant	bonne	juin et juill.

Kurenai Nishiki

Classification : *serrata.*

Origine : Japon.

Inflorescence : plate. Fleurs fertiles au centre de couleur blanche. Fleurs stériles à 3 ou 4 sépales. Les sépales sont de forme ovale, étroits, à bords entiers et arrondis.

Feuillage : petites feuilles soit bigarrées de vert et de blanc, soit tachées, de façon très irrégulière.

Port : buisson étalé et retombant, d'où émergent des tiges droites.

Floribondité : moyenne.

Utilisation : en massif, parmi d'autres plantes, en situation très protégée, voire en véranda.

Intérêt : *nishiki* signifie « panaché ». Le feuillage panaché de cette variété en fait la curiosité et le succès.

0,60 m	4 à 6 cm	ombre	abondant	moyenne	juin et juill.

Kuro-hime

Classification : *serrata.*

Origine : Japon. Distribué par Takeomi Yamamoto vers 1960.

Inflorescence : plate. Les fleurs fertiles sont mauves. Les fleurs stériles en pourtour sont près de 8. Les 4 sépales des fleurs stériles en losange, à bords légèrement dentés, pointus, se chevauchant peu, sont roses ou mauves.

Feuillage : feuilles de forme elliptique, à bords peu dentés et à pointe acuminée. La couleur est vert clair, rougissant en cours de période.

Port : buisson arbustif.

Floribondité : bonne.

Utilisation : en pot, en jardinière ou en massif, protégé.

Intérêt : une belle couleur violette, habillée par le noircissement du feuillage l'été, en situation exposée au soleil.

1 à 1,20 m	5 à 10 cm	soleil à mi-ombre	moyen	bonne	juin

Ma palette rouge velours

C'est la lumière, la clarté, les tons éclatants des hortensias rouges qui brillent pendant l'été. Quelle chaleur, quelle énergie, si généreusement donnée sous le soleil des vacances qu'elle s'épuise souvent à l'automne, qui se venge en les fanant.

Page de gauche, de haut en bas

Massif fleuri

Avec discrétion et élégance, ce massif d'hortensia s'offre au promeneur.

Jeanne Pencher

Douceur des teintes bleuissantes, qui rafraîchissent la couleur rouge de la fleur.

Page de droite, de haut en bas et de gauche à droite

Vorster Frührot

Boule compacte de fleurs nombreuses et serrées, d'un beau rouge vif.
▷ Voir p. 83

Prince Rouge

Des fleurs aux pétales ondulés évoquant l'univers d'une princesse plutôt que celui d'un prince, aussi charmant soit-il !

Massif fleuri

Peut-on imaginer parure plus « revigorante » pour ces vieilles pierres que ces massifs d'hortensias ?

Brugg

Des fleurs comme des cornets rose foncé ou rouges, en petites boules. Idéal pour les petits espaces.
▷ Voir p. 39

Green Shadow

Des fleurs à sépales en forme de cœur, rouge écarlate nervuré de vert pomme. Une curiosité…
▷ Voir p. 48

0,60 m	4 à 8 cm	mi-ombre	abondant	moyenne	juin et juill.

Miranda

Classification : *serrata.*

Origine : M. Haworth-Booth, Grande-Bretagne, vers 1960.

Inflorescence : petite et plate. Fleurs fertiles au centre roses en sol neutre ou bleues. De 4 à 6 fleurs stériles en pourtour, à 4 sépales ronds, à bords entiers, se chevauchant. La couleur est bleu ciel.

Feuillage : feuilles elliptiques, étroites, incurvées, au port retombant. Le bout est pointu ou acuminé. La surface est gaufrée, la couleur vert très pâle.

Port : petit buisson très rond et formé.

Floribondité : bonne.

Utilisation : en pot, en jardinière ou en bordure de massif, en situation protégée des gelées de printemps.

Intérêt : un superbe petit coussin bleu, parfait pour des espaces bien délimités.

0,80 à 1 m	5 à 8 cm	mi-ombre	moyen	bonne	juin et juill.

Miyama-yae-murasaki

Classification : *serrata.*

Origine : Japon. Identifié en 1950.

Inflorescence : plate. Les fleurs stériles en pourtour sont doubles ou multiples, à sépales entiers et ovales, de plus en plus petits vers l'intérieur (les fleurs ont de 5 à 10 mm de diamètre). La couleur bleu mauve est stable dans la plupart des sols. Elle vire au blanc crème pigmenté de rouge en fin de floraison.

Feuillage : feuilles de forme elliptique, pointues ou acuminées. La couleur est vert pâle marginé de rouge, rougissant progressivement ensuite.

Port : petit buisson rond et généreux.

Floribondité : bonne.

Utilisation : pour une bordure ou en pot, dans un espace à bonne luminosité, mais sans soleil direct.

Intérêt : de superbes fleurs doubles mauves.

0,70 à 0,90 m	8 à 10 cm	mi-ombre	moyen	bonne	déb. juin à juill.

Montaso

Classification : *serrata.*

Origine : Japon. Introduit par Anne et Jean Thoby en 1972.

Inflorescence : petite et plate. Les nombreuses fleurs stériles en pourtour sont à 4 ou 5 sépales ronds, à bords entiers, se chevauchant. La couleur rose se tache de nuances bleu profond en sol acide.

Feuillage : petites feuilles longues, de forme elliptique, à bords dentés et acuminées. La surface est gaufrée. L'aspect est mat et la couleur vert sombre.

Port : petit buisson rond et élancé.

Floribondité : très bonne.

Utilisation : en pot, en jardinière ou en bordure de massif ou d'allée.

Intérêt : un petit coussin très fleuri, qui prend des teintes automnales suaves après la floraison.

Oamacha

Classification : *serrata.*

Origine : Japon.

Inflorescence : plate. Les fleurs fertiles bleu mauve sont entourées de 6 à 10 fleurs stériles à 3 ou 4 sépales, larges et arrondis, à bords francs. La couleur très claire au début passe au mauve avant de se retourner d'un beau rouge lumineux.

Feuillage : feuilles elliptiques, à port retombant, dentées et pointues ou faiblement acuminées, mates, vert olive se teintant de rouge par la suite.

Port : petit buisson arbustif.

Floribondité : bonne.

Utilisation : en massif ou en sous-bois, parmi d'autres variétés, protégé des gelées de printemps.

Intérêt : ses feuilles au goût sucré sont infusées au Japon et utilisées pour parfumer le thé à l'occasion des fêtes de Bouddha (*amacha* signifie « thé »).

1,20 à 1,40 m	8 à 12 cm	mi-ombre à ombre	moyen	bonne	juin et juill.

Otsu-hime

Synonyme : 'Umbellata'.

Classification : *serrata.*

Origine : Japon.

Inflorescence : petite et plate. Quelques fleurs fertiles entourées de 6 à 10 fleurs stériles à longs pédicelles. Les fleurs stériles ont 4 ou 5 sépales en losange, à bords entiers, pointus, ne se chevauchant pas. Rose ou bleu pâle en fonction du sol.

Feuillage : feuilles de forme elliptique, allongées, étroites et en cuiller, à bords bien dentés et à bout bien acuminé. La couleur est vert pâle, le pétiole et les nervures sont rouges.

Port : petit buisson dense.

Floribondité : moyenne.

Utilisation : en petit massif, protégé et aéré.

Intérêt : cette variété se distingue par son feuillage.

0,60 à 0,80 m	5 à 10 cm	mi-ombre à ombre	moyen	bonne	juin

Preziosa

Synonyme : 'Pink Beauty'.

Classification : *serrata.*

Origine : G. Ahrends, Allemagne, avant 1960.

Inflorescence : en petite boule demi-sphérique. Sépales des fleurs stériles fins, arrondis, à bords entiers ou finement dentés, crème à l'ouverture, puis rose ou bleu très pâle et rapidement rouge cramoisi. Les fleurs apparaissent les unes après les autres pendant tout l'été.

Feuillage : feuilles elliptiques, pointues ou acuminées, dentées. La couleur vert pâle vire au bronze en cours de saison. Les pétioles et nervures sont rouges.

Port : buisson dressé et ouvert. Bois long et fin.

Floribondité : très bonne.

Culture : traiter contre l'oïdium en fin d'été.

Utilisation : supporte une exposition très ensoleillée à condition d'être bien arrosée.

Intérêt : une plante unique pour sa résistance au soleil.

1,20 à 1,40 m	10 à 15 cm	soleil à mi-ombre	abondant	très bonne	fin juin à oct.

1 m	4 à 8 cm	mi-ombre à ombre	moyen	moyenne	juin à juill.

Prolifera

Synonyme : 'Stellata'.

Classification : *serrata.*

Origine : Japon. Introduit par Maximowicz au jardin botanique de Saint-Pétersbourg en 1865.

Inflorescence : petite et légèrement bombée. Les fleurs fertiles, peu nombreuses, sont recouvertes par les fleurs stériles éparses et régulières, à plusieurs rangs de sépales pointus en étoile, roses ou parmes suivant le sol. Les bords sont entiers.

Feuillage : feuilles elliptiques, étroites et pointues. Le bout est acuminé, les bords sont faiblement dentés. L'aspect est mat, la couleur verte brunit ensuite.

Port : petit buisson rond.

Floribondité : bonne.

Utilisation : en massif, dans un petit espace, en situation lumineuse, protégée du soleil, par le feuillage d'un arbre ou d'un arbuste plus grand par exemple.

1,40 à 1,60 m	10 à 18 cm	mi-ombre	moyen	bonne	fin juin à juill.

Ramis Pictis

Synonyme : 'Akaeda Yama'.

Classification : *serrata.*

Origine : Japon.

Inflorescence : plate. Fleurs fertiles bleues au centre. Autour, 8 fleurs stériles à 4 sépales larges, à bords entiers, dont l'extrémité est pointue et en cuiller. La couleur est blanche, rougissant en fin de floraison.

Feuillage : feuilles de forme elliptique, à bords faiblement dentés, pointues ou acuminées. La couleur est vert sombre, les nervures et le pétiole sont rouges.

Port : buisson arbustif et élancé.

Floribondité : bonne.

Utilisation : en grand massif ou en fond de massif de *serrata* ou de plantes plus petites, en situation lumineuse.

Intérêt : un bois rouge, lumineux et translucide à l'automne. Un beau *serrata* qui a les proportions d'un *macrophylla* – et parfois classé comme tel.

1 m	8 à 12 cm	mi-ombre	moyen	bonne	juin et juill.

Sekka

Classification : *serrata.*

Origine : Japon.

Inflorescence : petite et plate. Les fleurs fertiles roses ou bleues sont entourées d'une dizaine de fleurs stériles, dont les sépales arrondis, légèrement incurvés, se chevauchent. La couleur rose pâle ou bleu pâle se pigmente de rouge ou de mauve ensuite.

Feuillage : feuilles de forme elliptique, à bords finement dentés et à pointe bien acuminée, gaufrées. La couleur vert pâle brunit progressivement.

Port : petit buisson dressé, rond et bien formé. Le bois est beige ou rose clair.

Floribondité : très bonne.

Utilisation : en pot, en jardinière ou en massif de bordure, en situation protégée des gelées de printemps.

Intérêt : cette variété est sublime l'été quand elle a été exposée au soleil.

Shichidanka

Classification : *serrata.*

Origine : Japon.

Inflorescence : plate. Fleurs fertiles au centre, peu nombreuses, avec des fleurs stériles disposées irrégulièrement autour et au-dessus, à longs pédicelles. Fleurs stériles pleines, à multiples sépales fins et pointus, en étoile de couleur rose pâle ou bleu pâle, devenant mauve en cours d'été.

Feuillage : feuilles elliptiques, incurvées, étroites et longues, gaufrées. La couleur vert pâle brunit ensuite.

Port : buisson vigoureux et bien rond.

Floribondité : très bonne.

Utilisation : très protégé par un environnement de verdure, dans un petit jardin ou sur une terrasse abritée.

Intérêt : très proche, voire similaire, à 'Prolifera', c'est une plante naine dont on découvrira la magie des fleurs de très près. À placer dans un écrin.

1 m	4 à 8 cm	mi-ombre	moyen	moyenne	juin et juill.

Shirofuji

Classification : *serrata.*

Origine : Japon.

Inflorescence : plate. Peu de fleurs fertiles au centre, de couleur blanche. Les fleurs stériles en pourtour ont des sépales doubles en losange, à bords entiers, pointus, se chevauchant et se recouvrant.

Feuillage : petites feuilles de forme elliptique, très étroites (5 sur 2 cm). La surface est gaufrée, la couleur vert pâle.

Port : petit buisson rond.

Floribondité : bonne. Remontant en août.

Utilisation : en pot, en jardinière ou en petit massif protégé.

Intérêt : son nom signifie le « mont Fuji blanc ». C'est l'aspect que donne cette petite variété très fine, dont la surface est « neigeuse ».

0,50 à 0,80 m	5 à 8 cm	mi-ombre à ombre	moyen	bonne	fin juin à août

Shiro Maiko

Classification : *serrata.*

Origine : Watanabe, Japon.

Inflorescence : en petite boule. Les fleurs stériles recouvrent presque totalement les fleurs fertiles. Elles ont 4 sépales à bords entiers, pointus, de couleur blanche.

Feuillage : petites feuilles de forme elliptique, étroites, acuminées. L'aspect est mat et la couleur vert pâle.

Port : petit buisson arrondi et ouvert.

Floribondité : bonne.

Utilisation : en pot ou en jardinière, dans un espace très protégé.

Intérêt : une petite merveille douce et fragile, le petit hortensia nain à fleurs blanches.Très utilisé au Japon en pot.

0,60 à 0,80 m	5 à 8 cm	mi-ombre à ombre	abondant	moyenne	juin et juill.

0,80 à 1 m	5 à 10 cm	mi-ombre à ombre	abondant	bonne	déb. juin à août

Shirotae

Classification : *serrata.*

Origine : Japon.

Inflorescence : plate. De très rares fleurs fertiles, situées sur les hampes des fleurs stériles. Les fleurs stériles sont multiples, à empilement de sépales de couleur blanche, rosissant ensuite pour prendre une teinte bordeaux en fin de floraison.

Feuillage : petites feuilles, fines et étroites, lancéolées, mates, de couleur vert pâle brunissant à l'automne.

Port : petit buisson rond. Le bois est brun.

Floribondité : bonne. Remontant en fin d'été.

Utilisation : en pot, en jardinière ou dans un petit massif protégé.

Intérêt : une très jolie fleur douce et subtile, aux teintes vert et rouge très chaudes en fin de floraison.

1,30 m	12 à 18 cm	mi-ombre	moyen	bonne	fin juin à août

Shojo

Classification : *serrata.*

Origine : Japon. Kiyoshi Fujii, vers 1980.

Inflorescence : plate, bombée. Fleurs fertiles bleues. Les fleurs stériles sont placées de façon irrégulière en pourtour, à 4 sépales ronds, à bords entiers. La couleur est rose ou bleu parme en fonction de la nature du sol, puis vire au rose-rouge.

Feuillage : feuilles de forme ovale-elliptique, faiblement dentées. Le bout est pointu ou acuminé. La surface est gaufrée. La couleur vert sombre se tache de rouge et devient brune au soleil.

Port : buisson galbé. Bois brun.

Floribondité : très bonne. Remontant en août.

Utilisation : en massif, mélangé à d'autres variétés.

Intérêt : une étonnante floribondité, pour avoir une tache bleu mauve dans un massif.

1 à 1,20 m	10 cm	mi-ombre	moyen	très bonne	juin et juill.

Tiara

Classification : *serrata.*

Origine : Maurice Foster, Grande-Bretagne, avant 1990.

Inflorescence : plate. Les fleurs stériles sont réparties irrégulièrement autour et en surplomb des fleurs fertiles. Les sépales des fleurs stériles sont de forme elliptique, à bords entiers et pointus, roses ou mauves.

Feuillage : feuilles ovales-elliptiques, à bords finement dentés, bien acuminées. L'aspect est mat. La couleur est vert tendre, devenant pourpre foncé au soleil.

Port : petit buisson large, ouvert et retombant.

Floribondité : très bonne.

Utilisation : en pot ou en jardinière, ou en avant de massif où il pourra s'étendre. Le soleil le révèle, mais il est préférable de lui éviter une trop forte exposition.

Intérêt : semis de 'Blue Bird', ce cultivar a une très belle floraison, et son port ouvert est précieux pour l'associer à d'autres *serrata*, souvent plus érigés.

Tokyo Delight

Classification : *serrata.*

Origine : obtention japonaise, introduite par M. de Rothschild en Angleterre en 1930.

Inflorescence : plate. Fleurs fertiles roses ou bleues. Fleurs stériles en pourtour à 4 ou 5 sépales larges, à bords dentés, pointus, de couleur blanche se pigmentant de rouge ensuite.

Feuillage : feuilles de forme elliptique, en cuiller, à bords dentés et acuminées. L'aspect est gaufré et mat, la couleur vert sombre brunit en fin d'été.

Port : buisson arbustif vigoureux.

Floribondité : très bonne.

Utilisation : isolé ou en massif dans un grand jardin, à l'orée d'un bosquet ou en haie le long d'un mur.

Intérêt : la vigueur et la dimension des *macrophylla*, la finesse, les teintes d'automne du feuillage et la précocité des *serrata.*

1,40 à 1,60 m	10 à 15 cm	mi-ombre à ombre	abondant	bonne	fin juin à juill.

Warabe

Classification : *serrata.*

Origine : Japon.

Inflorescence : en petite boule. Fleurs stériles à 4 sépales ovales, entiers ou légèrement dentés, pointus, se chevauchant, blanc crème puis blanc pur, avant de se teinter de rose, mauve et parme.

Feuillage : petites feuilles elliptiques, fines, longuement acuminées. Les bords sont peu dentés. La surface est plate, l'aspect mat. La couleur vert tendre se margine de rouge sur une largeur de plusieurs millimètres.

Port : petit buisson rond.

Floribondité : bonne.

Utilisation : en pot, en jardinière ou en avant de massif, en situation protégée et aérée. Mais 1 ou 2 heures de soleil dévoileront l'originalité des fleurs et du feuillage.

Intérêt : 'Warabe' allie la douceur et la légèreté des cultivars japonais à la netteté des *macrophylla* en boule.

1 m	10 à 15 cm	mi-ombre à ombre	abondant	bonne	fin juin à sept.

Woodlander

Classification : *serrata.*

Origine : Louisiana Nursery, Louisiane, États-Unis.

Inflorescence : plate. Les fleurs stériles, de 4 à 6 en pourtour, sont à 4 ou 5 sépales de forme ovale, larges, à bords entiers et pointus. La couleur est rose ou bleu très pâle.

Feuillage : feuilles elliptiques, incurvées et étroites, à bout acuminé et à bords très dentés. La surface est gaufrée. La couleur est vert tendre marginé de bronze, virant rapidement au soleil au noir sombre.

Port : petit buisson érigé.

Floribondité : bonne.

Utilisation : en pot, en massif ou en haie, dans toutes régions.

Intérêt : la couleur noire ou rousse de ce buisson fait resurgir la douceur des petites inflorescences.

1 m	5 à 10 cm	mi-ombre	faible	très bonne	juin et juill.

1 à 1,20 m	8 à 10 cm	mi-ombre	moyen	moyenne	juin à août

Yae Amacha

Classification : *serrata.*

Origine : Japon. Découvert vers 1960.

Inflorescence : plate. Nombreuses petites fleurs stériles recouvrant en partie ou totalement les fleurs fertiles, pleines, à nombreux sépales ronds se chevauchant, pâles au cœur, bleues ou mauves ensuite. Les fleurs palissent et se pigmentent de rouge vif, se retournent et terminent la saison d'un vieux rose apaisant.

Feuillage : feuilles elliptiques, à bords légèrement dentés, acuminées, gaufrées et mates. La couleur vert tendre marginé de rouge se tache de brun.

Port : petit buisson élégant et gracieux. Bois fin.

Floribondité : très bonne. Remontant en août.

Utilisation : en pot ou en petit massif, de la même variété ou parmi d'autres *serrata*, en situation protégée.

Intérêt : la fleur s'ouvre de façon désordonnée, comme 'Domotoi'. Un spectacle unique !

1 à 1,20 m	5 à 10 cm	mi-ombre	abondant	très bonne	juin et juill.

Yesoensis

Classification : *H. serrata* var. *yesoensis.*

Origine : île d'Hokkaido, Japon.

Inflorescence : plate. Les fleurs fertiles, peu nombreuses et bien réparties, sont entourées par des grandes fleurs stériles, à l'extrémité de longs pédicelles. Les 3 ou 4 sépales larges, dentés, se chevauchent. La couleur est bleu pâle ou rose pâle en fonction de la nature du sol.

Feuillage : feuilles de forme ovale, larges, à bords très dentés – c'est une caractéristique de cette sous-espèce. L'extrémité est acuminée, l'aspect très gaufré et nervuré. La couleur vert tendre s'assombrit en cours d'été.

Port : buisson arbustif dressé.

Floribondité : bonne.

0,60 à 0,80 m	4 à 8 cm	mi-ombre à ombre	abondant	moyenne	juin

Yoshibori

Classification : *serrata.*

Origine : Japon.

Inflorescence : petite et plate. Les fleurs fertiles, peu nombreuses, sont rose pâle ou mauves.
De 4 à 6 fleurs stériles en pourtour, à 3, 4 ou 5 sépales étroits et longs, de taille irrégulière, disjoints à la base. La couleur est rose pâle ou mauve en sol acide.

Feuillage : feuilles de forme elliptique, très effilées et longuement acuminées, à bords dentés, d'aspect mat et gaufré. La couleur vert tendre brunit en cours d'été.

Port : petit buisson souple. Bois fin et sinueux.

Floribondité : bonne.

Utilisation : en massif très protégé, parmi d'autres variétés par exemple.

Intérêt : douce et fragile, elle donne une impression de fraîcheur par le contraste entre les couleurs claires des fleurs et du feuillage. Pour collectionneurs.

2 à 2,50 m	20 sur 15 cm	soleil à mi-ombre	moyen	très bonne	août et sept.

Big Ben

Classification : *paniculata.*

Origine : Pieter Zwijnenburg, Pays-Bas, 1985.

Inflorescence : en cône aéré et bien formé. Nombreuses fleurs fertiles, quelques fleurs stériles à 4 sépales ovales arrondis, joints à la base, de couleur blanche, puis rose en fin de floraison.

Feuillage : feuilles de forme ovale-elliptique, incurvées. Les bords sont faiblement dentés et ourlés, l'extrémité est pointue.

Port : léger et très ouvert. Le bois est fin et de couleur brune.

Floribondité : très bonne.

Utilisation : isolé, dans un grand espace ou pour une large lisière.

Intérêt : un joli buisson vaporeux pour le mois d'août.

2 à 2,50 m	25-30 sur 20-25 cm	mi-ombre	moyen	très bonne	mi-juill. à sept.

Brussels Lace

Synonyme : 'White Lace'.

Classification : *paniculata.*

Origine : sport de 'Unique'. Sélectionné par Robert et Jelena de Belder en Belgique en 1975.

Inflorescence : en grand cône. Fleurs stériles réparties régulièrement, à 4 sépales arrondis se chevauchant. La couleur blanche vire très lentement au rose pâle.

Feuillage : grandes feuilles elliptiques et plates, d'un vert tendre.

Port : arbuste généreux et large. Les inflorescences dressées donnent un aspect léger, presque vaporeux.

Floribondité : très bonne.

Culture : tailler rend les inflorescences plus grandes et volumineuses, jusqu'à 30 à 40 cm de long.

Intérêt : un *paniculata* très précoce et très florifère. L'ouverture simultanée de toutes les inflorescences est un spectacle.

3 à 4 m	25 sur 15 cm	soleil à mi-ombre	moyen	très bonne	août et sept.

Burgundy Lace

Classification : *paniculata.*

Origine : sport de 'Unique'. Sélectionné par Robert et Jelena de Belder en Belgique, en 1975.

Inflorescence : en grand cône, régulier et allongé. Les fleurs stériles, nombreuses, sont à sépales ronds, se chevauchant. La couleur blanche passe au rose tendre de façon uniforme sur l'ensemble des fleurs.

Feuillage : grandes feuilles elliptiques, vert sombre, d'aspect mat et rugueux.

Port : arbuste aéré en éventail. Les brins sont longs.

Floribondité : très bonne.

Utilisation : en haie ou en massif, parmi d'autres variétés de *paniculata* ou d'autres plantes. Éviter les situations trop exposées au vent.

Intérêt : de belles inflorescences à admirer et à cueillir et pour donner du mouvement dans un massif.

Daruma

Classification : *paniculata.*

Origine : Japon. Distribué en Europe depuis 1989.

Inflorescence : en petit cône aplati. Les fleurs stériles, à 4 sépales arrondis se chevauchant, sont disséminées, souvent sur le pourtour. Blanc crème, elles se pigmentent début juillet de taches brunes ou rouges, pour devenir roses en fin de floraison. Les fleurs fertiles virent aussi au vieux rouge.

Feuillage : feuilles elliptiques, épaisses et incurvées, de couleur vert foncé. Les pétioles sont rouges.

Port : arbuste miniature, droit et conique. La floraison a lieu sur le bois de l'année précédente. Bois brun.

Floribondité : bonne.

Utilisation : pour habiller un muret ou isolé.

Intérêt : un très bel arbuste, rustique et résistant, qui reste nain. Son tronc peut mesurer 8 cm de diamètre.

1,20 m	10 sur 10-15 cm	soleil à mi-ombre	faible	très bonne	juin à sept.

Dolly

Classification : *paniculata.*

Origine : Pieter Zwijnenburg, Pays-Bas, 1985.

Inflorescence : en cône grand et dense. Les fleurs stériles recouvrent presque totalement les fleurs fertiles. Fleurs stériles à 3 ou 4 sépales ovales arrondis, se chevauchant, de couleur blanc crème au début, rosissant très peu en fin de floraison.

Feuillage : feuilles à port retombant, ovales, en pointe, à bords crénelés et ourlés. La surface est nervurée, la couleur vert sombre.

Port : arbuste érigé. Bois fort.

Floribondité : très bonne.

Utilisation : isolé pour un gros buisson ou taillé en tige pour une floraison en sur-étage en fond de massif.

Intérêt : un arbuste très fourni et généreux pendant tout le mois d'août.

2 à 3 m	25-30 sur 18-25 cm	mi-ombre	moyen	très bonne	fin juill. à sept.

Everest

Classification : *paniculata.*

Origine : Sir Harold Hillier, Grande-Bretagne, 1989.

Inflorescence : en grand cône fourni. Les fleurs stériles, nombreuses et bien réparties, donnent un aspect riche aux panicules, qui sont blanc pur en début de floraison et deviennent rose pâle ensuite.

Feuillage : grandes feuilles vert sombre.

Port : grand arbuste majestueux, souple et souvent retombant, aux inflorescences bien dressées. Le pied du massif est moins intéressant.

Floribondité : très bonne.

Utilisation : en arrière de massif, pour former une haie, en arrière-plan ou en contrebas.

Intérêt : de grandes panicules bien formées et blanches, qui se dressent au-dessus des autres arbustes.

3 à 4 m	20-30 sur 15-20 cm	soleil à mi-ombre	moyen	très bonne	août et sept.

Ma gamme de blancs de porcelaine

Dans le monde des hortensias, le blanc est une couleur vivante. Blanc cru, cassé, crème, vert, qui évolue au gré de la lumière du soleil ou de l'excès d'ombre. C'est aussi une expression de la fragilité, comme de la force, de l'opulence comme de la délicatesse.

Page de gauche, de haut en bas

Radiata

Mille petites fleurs blanches illuminent le massif.
▷ Voir p. 103

Madame Gilles Goujon

Des fleurs si sobres et élégantes, ciselées dans un bloc de marbre blanc pur.
▷ Voir p. 60

Alice

Grandes fleurs blanches en début de floraison, fines et fragiles, comme découpées dans un parchemin.
▷ Voir p. 142

Page de droite, de haut en bas et de gauche à droite

Sir Joseph Banks

Des fleurs en cornet, à la recherche de la lumière. De couleur blanc nuancé en début de floraison.
▷ Voir p. 76

Snow Queen

Généreuse inflorescence blanc crème d'ombrelles éparses.
▷ Voir p. 144

Nymphe

Boule dense de fleurs blanc pur, à sépales très dentés. Impression de dentelle chiffonnée…
▷ Voir p. 69

Bichon

Fleurs à sépales pointus, par une belle journée de fin d'été.
▷ Voir p. 37

Massif fleuri

Des pompons crème qui se dressent au sommet de leurs tiges, fiers et pourtant si fragiles.

4 à 5 m	30-40 sur 15 cm	mi-ombre	moyen	très bonne	fin juill. à août

Floribunda

Classification : *paniculata.*

Origine : cultivar japonais. Introduit par Maximowicz au jardin botanique de Saint-Pétersbourg en 1868.

Inflorescence : en cône. Répartition régulière des fleurs fertiles et des fleurs stériles. Les fleurs stériles sont composées de 4 ou 5 sépales de 1,5 à 2 cm de long, elliptiques, arrondis et se chevauchant. Blanches, elles rosissent en fin de floraison.

Feuillage : feuilles elliptiques vert franc, rugueuses.

Port : arbuste majestueux et ouvert. Le tronc peut mesurer 20 cm de diamètre.

Floribondité : très bonne.

Culture : il est nécessaire de le tailler chaque année.

Utilisation : isolé ou en arrière de massif.

Intérêt : un des premiers clones importés du Japon, qui peut atteindre les plus grandes tailles et qui garde sa vigueur à l'âge de 100 ans.

2 à 3 m	20-30 sur 10-15 cm	mi-ombre	moyen	très bonne	fin juill. à oct.

Grandiflora

Synonyme : 'Pee Gee'.

Classification : *paniculata.*

Origine : Japon. Introduit par Philipp Franz von Siebold en Europe vers 1860.

Inflorescence : en cône pointu. Panicule composée presque uniquement de fleurs stériles, dont les sépales arrondis ne se chevauchent pas. Les fleurs blanc crème, puis blanc pur, virent au vieux rose en fin de floraison.

Feuillage : feuilles de forme elliptique, d'aspect mat.

Port : souple. Les lourdes inflorescences font ployer les fines branches et se placent horizontalement.

Floribondité : très bonne. Sur le bois de l'année.

Culture : tailler chaque année pour avoir de plus grandes inflorescences ou garder une taille plus petite.

Utilisation : à l'abri des vents forts.

Intérêt : c'est l'ancêtre des *paniculata* à inflorescences compactes.

6 m	30 sur 20 cm	mi-ombre	moyen	bonne	août à déb. sept.

Greenspire

Classification : *paniculata.*

Origine : Robert et Jelena de Belder, Belgique, 1975.

Inflorescence : en cône assez similaire à 'Kyushu'. Les fleurs stériles sont bien réparties parmi les fleurs fertiles. La couleur des sépales est vert tendre en début de floraison, puis blanche et enfin à nouveau teintée de vert en fin de floraison. La panicule peut être si longue sur la tige que les fleurs se mêlent au feuillage.

Feuillage : feuilles ovales, larges et en V, vert clair.

Port : arbuste vigoureux et dressé.

Floribondité : très bonne.

Utilisation : pour les grands espaces ou les jardins de grande dimension, dans un sol pas trop humide.

Intérêt : des inflorescences de taille impressionnante, avec le feuillage qui émerge parmi les fleurs.

Kyushu

Classification : *paniculata.*

Origine : île de Kyushu, Japon. Boutures prises par Collingwood Ingram avant 1930. Introduit par Robert et Jelena de Belder en Belgique.

Inflorescence : en cône long et pointu. Les fleurs fertiles, moins nombreuses que sur d'autres variétés, donnent un aspect de légèreté à l'inflorescence.

Feuillage : dense, en particulier sur les jeunes bois. Feuilles vert sombre, d'aspect brillant. Le bois est vert.

Port : buisson fourni. Nombreuses tiges longues et fines. Les inflorescences, légères, sont dressées.

Floribondité : très bonne.

Utilisation : la taille modeste de la plante la prédispose pour un jardin organisé ou un petit emplacement.

Intérêt : une plante légère et naturelle.

1,50 m	20 sur 15 cm	mi-ombre	moyen	très bonne	fin juill. à août

Lime Light

Classification : *paniculata.*

Origine : Pieter Zwijnenburg, Pays-Bas, 1990.

Inflorescence : en cône large, très dense. Les fleurs stériles sont jaune pâle en début de floraison, puis blanches, puis à nouveau vert très doux teinté de rosé.

Feuillage : les feuilles, par 2 ou par 3 sur les tiges, sont ovales-elliptiques, d'aspect mat.

Port : arbuste dressé, le bois fort portant verticalement les inflorescences. Non taillées, les branches latérales se courbent et donnent une forme buissonnante.

Floribondité : très bonne.

Utilisation : isolé ou en massif de la même variété, en haie, en bordure ou pour cloisonner un espace.

Intérêt : un arbuste vert pâle tout au long de sa floraison s'il est planté dans un endroit relativement protégé du soleil. C'est aussi un des rares *paniculata* à grosses inflorescences très denses à garder un port dressé.

2 à 2,50	25-30 sur 15-18 cm	soleil à mi-ombre	moyen	très bonne	déb. août à oct.

Megapearl

Classification : *paniculata.*

Origine : Pieter Zwijnenburg, Pays-Bas, 1985.

Inflorescence : en grand cône. Les fleurs stériles sont disséminées parmi les fleurs fertiles. Les sépales sont joints à la base, de forme obovale-elliptique, blancs en début de floraison, virant peu à peu au rose soutenu.

Feuillage : feuilles elliptiques, d'aspect mat et pileux, vert pâle. Les pétioles sont rouges.

Port : arbuste droit et érigé, qui s'ouvre au niveau des rameaux. Bois brun.

Floribondité : très bonne.

Utilisation : isolé, pour un fond de massif ou un massif éloigné.

Intérêt : des panicules de très grande taille, dont on remarque la forme régulière et la belle coloration blanche puis rose, même de loin.

2 à 2,50 m	30-40 sur 15-25 cm	soleil à mi-ombre	moyen	très bonne	août et sept.

2 à 2,50 m	15-20 sur 10-15 cm	soleil à mi-ombre	moyen	très bonne	mi-août à oct.

Midlate Summer

Classification : *paniculata.*

Origine : Pieter Zwijnenburg, Pays-Bas, 1990.

Inflorescence : en cône pointu. Nombreuses fleurs fertiles blanches. Fleurs stériles éparses, à 4 sépales de forme elliptique, à bords entiers, se chevauchant. La couleur est blanc pur, puis rapidement rose franc.

Feuillage : grandes feuilles de forme elliptique, à port retombant. Les bords sont légèrement dentés. L'aspect est rugueux et mat, la couleur vert sombre.

Port : buisson arbustif très large et fourni. Les tiges sont dressées, le bois est brun.

Floribondité : très bonne.

Utilisation : en massif ou en haie, dans toutes situations lumineuses.

Intérêt : une floraison très tardive, le *paniculata* le plus frais et léger de la fin du mois d'août.

1,20 à 2 m	12-18 sur 10-15 cm	soleil à mi-ombre	faible	très bonne	août et sept.

Mont Aso

Synonyme : 'Aso Volcano'.

Classification : *paniculata.*

Origine : Robert et Jelena de Belder, Belgique, 1970. Graines récoltées sur les pentes du mont Aso, au Japon.

Inflorescence : en cône aplati. Nombreuses fleurs stériles recouvrant presque totalement les fleurs fertiles. Fleurs stériles à 4 sépales arrondis, se chevauchant, de couleur blanche, rosissant légèrement en fin de floraison.

Feuillage : petites feuilles ovales-elliptiques, à bords dentés et incurvés, pointues, de couleur vert franc.

Port : arbuste buissonnant. Nombreux bois fins.

Floribondité : bonne.

Utilisation : isolé ou parmi d'autres plantes dans un endroit lumineux.

Intérêt : une plante très rustique et très tardive, qui éclaire la seconde quinzaine d'août.

2 à 2,50 m	20-30 à 15-20 cm	mi-ombre	moyen	bonne	mi-août à sept.

National Arboretum

Classification : *paniculata.*

Origine : États-Unis.

Inflorescence : en cône long et pointu. Les fleurs fertiles sont très nombreuses, à l'inverse des fleurs stériles, régulièrement réparties. Fleurs stériles à 4 sépales elliptiques arrondis, joints à la base.

Feuillage : grandes feuilles de forme elliptique, à port retombant, à bords très peu dentés et à pointe acuminée.

Port : grand buisson souple. Les hampes très longues (1 m ou plus) peuvent ployer sous le poids des inflorescences.

Floribondité : bonne.

Utilisation : en massif, à l'orée d'un sous-bois ou dans un grand espace.

Intérêt : une plante à port très naturel, qui garde un aspect sauvage et remarquable en fin d'été.

October Bride

Classification : *paniculata.*

Origine : Jelena de Belder, Belgique, 1967. À partir de graines récoltées sur le mont Aso, au Japon.

Inflorescence : en grand cône. Les fleurs stériles sont peu nombreuses et réparties régulièrement. Les 4 sépales sont elliptiques, à extrémité irrégulière, se chevauchant. Ils prennent une forme incurvée.

Feuillage : feuilles elliptiques, allongées, dentées irrégulièrement et ourlées, brillantes, vert franc.

Port : arbuste très vigoureux et fourni. Le bois est fort et les tiges sont dressées.

Floribondité : très bonne.

Utilisation : en massif isolé, dans un grand espace qui peut être exposé si le sol est frais. Le soleil d'été ne flétrira pas les inflorescences.

Intérêt : un arbuste encore vert en été, dont la floraison tardive, d'un blanc pur, dure pendant l'automne.

2 à 2,50 m	25-30 sur 15-20 cm	soleil à mi-ombre	moyen	très bonne	sept. à fin oct.

Papillon

Classification : *paniculata.*

Origine : sport de 'Unique'. Sélectionné par Jelena de Belder en Belgique en 1985.

Inflorescence : en cône. Autour des fleurs fertiles nombreuses sont clairsemées les fleurs stériles blanches à long pédicelle. Les sépales sont ovales, à bords irréguliers, et se chevauchent partiellement.

Feuillage : abondant. Grandes feuilles elliptiques, pouvant atteindre 15 à 18 cm de long, à bords dentés et d'aspect brillant.

Port : grand buisson vigoureux.

Floribondité : très bonne.

Utilisation : en haie de la même variété ou en massif dans un grand espace, au soleil ou abrité.

Intérêt : une floraison fraîche en fin d'été, donnant l'impression d'un survol de papillons.

3 à 4 m	20-25 sur 15 cm	soleil à mi-ombre	moyen	très bonne	mi-août à oct.

Phantom

Classification : *paniculata.*

Origine : Pieter Zwijnenburg, Pays-Bas, vers 1990.

Inflorescence : en cône. Les fleurs stériles forment une masse compacte plus large que haute. Les sépales, elliptiques, sont joints à la base. La couleur blanche vire dès le mois d'août au rose franc.

Feuillage : feuilles de forme elliptique, longues, d'aspect rugueux et mat.

Port : arbuste à grand développement, vigoureux, avec de longs brins.

Floribondité : très bonne.

Utilisation : isolé, dans un parc ou un grand jardin.

Intérêt : la particularité de ce cultivar est la coloration rose précoce de ses grandes inflorescences compactes. Elles sont impressionnantes en bouquets de fleurs sèches.

4 m	30 sur 25 cm	mi-ombre	moyen	très bonne	août et sept.

2 m	20-30 sur 15-20 cm	mi-ombre	moyen	très bonne	août à oct.

Pink Diamond

Classification : *paniculata.*

Origine : sport de 'Unique'. Sélectionné par Jelena de Belder en Belgique en 1970.

Inflorescence : en grand cône. Les fleurs fertiles et stériles sont régulièrement réparties. La couleur blanche en début de floraison tourne peu à peu au rose vif.

Feuillage : feuilles elliptiques. L'aspect est rugueux et gaufré. Les pétioles sont rouges.

Port : arbuste érigé et généreux. Le bois est brun.

Floribondité : très bonne.

Utilisation : en buisson au premier plan ou taillé pour lui donner une forme arbustive en arrière de massif. La pigmentation rose sera plus intense encore au soleil.

Intérêt : 'Pink Diamond' est un *paniculata* qui rosit très rapidement. Aussi pour de grands bouquets majestueux, en fleurs fraîches ou séchées.

2 à 2,50 m	30 sur 20 cm	soleil à mi-ombre	moyen	très bonne	mi-juill. à sept.

Pinky Winky

Classification : *paniculata.*

Origine : Research Station Melle, Belgique, 2003.

Inflorescence : en cône régulier et pointu. Les fleurs stériles, nombreuses, forment une masse régulière. La couleur blanche en début de floraison vire fin juillet au rose, en commençant par la base de la panicule. Puis la couleur se fonce pour devenir rouge framboise.

Feuillage : grandes feuilles elliptiques, à pétiole rouge, placées par 2 ou par 3 sur la tige. Les bords sont légèrement ourlés.

Port : arbuste dressé et vigoureux. Le bois est brun et fort. Les inflorescences sont droites.

Floribondité : très bonne.

Utilisation : : isolé ou en massif de la même variété, au milieu d'une pelouse ou d'un espace dégagé.

Intérêt : 'Pinky Winky', littéralement « clin d'œil rosé ». Une plante toute en légèreté et en brillance.

1,50 m	15-20 sur 10-15 cm	mi-ombre	moyen	très bonne	déb. juill. à août

Praecox

Classification : *paniculata.*

Origine : île d'Hokkaido, Japon. Graines rapportées par Charles S. Sargent aux États-Unis en 1893.

Inflorescence : en petit cône. Les fleurs fertiles et les fleurs stériles sont régulièrement réparties. Les sépales des fleurs stériles, au nombre de 4, sont de forme elliptique, de 2 à 3 cm de long et ne se chevauchent pas.

Feuillage : feuilles longues, à bords fortement ondulés, rugueuses. La couleur est jaune en début de pousse.

Port : arbuste rond et aplati.

Floribondité : bonne.

Culture : cette variété fleurit sur le bois de l'année précédente et ne devrait pas être taillée avant la fin de floraison.

Intérêt : le grand *paniculata* qui fleurit le premier, dès juillet.

Ruby

Synonyme : 'Angel Blush'.
Classification : *paniculata.*
Origine : Robert et Jelena de Belder, Belgique, 1970.
Inflorescence : en cône court. Les fleurs stériles à long pédicelle, à 4 sépales se chevauchant sont disséminées parmi les nombreuses fleurs fertiles. Elles s'ouvrent blanc crème, puis rosissent et deviennent rouge rubis.
Feuillage : feuilles elliptiques, à bords ourlés, d'aspect brillant et légèrement duveteux.
Port : petit arbuste, dont les inflorescences légères sont portées droites par les tiges. Le bois est brun.
Floribondité : très bonne.
Utilisation : isolé ou en massif, en situation dégagée. Il peut aussi, si on le forme en arbuste, servir d'abri pour de petites plantes en sous-étage.
Intérêt : semis de 'Pink Diamond', on l'adoptera pour son rose puis son rouge intense et ses feuilles.

2 m	15-20 sur 10-15 cm	soleil à mi-ombre	moyen	très bonne	fin juill. à oct.

Silver Dollar

Classification : *paniculata.*
Origine : Pieter Zwijnenburg, Pays-Bas, 1990.
Inflorescence : en petit cône large et très compact. Les fleurs stériles recouvrent toutes les fleurs fertiles. Blanches en début de floraison, puis vert pâle, avec des reflets roses quand elles sont exposées au soleil.
Feuillage : grandes feuilles elliptiques et incurvées.
Port : arbuste formant un buisson rond, fourni et régulier quand il n'est pas taillé. Bois rouge ou brun.
Floribondité : très bonne.
Utilisation : en massif isolé ou en bordure. S'il est taillé, en fond de massif, derrière des variétés fleurissant en juillet pour leur donner de l'ombre.
Intérêt : une masse de fleurs compactes, cloisonnant un espace par un moutonnement blanc rosé.

1,50 à 2 m	15 sur 10 cm	soleil à mi-ombre	moyen	très bonne	déb. août à fin sept.

Taiwan Form

Classification : *paniculata.*
Origine : Chine.
Inflorescence : en grand cône aérien et très léger. Les fleurs fertiles sont sur des ramifications transversales, espacées, se terminant par 1 ou 2 fleurs stériles à long pédicelle. Les fleurs stériles sont formées de 4 sépales allongés et en amande, ne se chevauchant pas.
Feuillage : petites feuilles elliptiques, plates et à bords légèrement ourlés, vert sombre et d'aspect brillant.
Port : arbuste à grand développement, fin et très peu fourni. Le bois est long et fin.
Floribondité : bonne.
Utilisation : en sous-bois ou en sur-étage de massif, dans un lieu protégé du vent.
Intérêt : un arbuste fin, aux inflorescences très légères, presque fragiles, au mouvement lent à l'extrémité de leurs fines tiges.

2 à 3 m	30 sur 20 cm	mi-ombre à ombre	moyen	bonne	juill. et août

Feu d'artifice automnal

L'hortensia est apprécié pour fleurir nos étés. Mais quel autre arbuste resplendit aussi bien à l'automne, tant par ses fleurs que par son feuillage ? Les bordeaux ou pourpres les plus éclatants s'allient aux verts et aux vieux roses les plus pâles et les plus tendres pour éclairer le jardin jusqu'aux premières gelées.

Page de gauche, de haut en bas

Inflorescence en cône

La blancheur de la fleur a pris de la couleur et du relief à l'automne.

Inflorescence en boule

Hésitation du passage de l'automne à l'hiver aux premières gelées.

Page de droite, de haut en bas et de gauche à droite

Massif fleuri

Les fleurs d'automne continuent à habiller les murs, leur donnant un joli ton brique.

Bouquets secs

Richesse des teintes insolites nées d'une fleur à l'autre.

Hortensia à feuilles de chêne

Le feuillage participe au festival des couleurs d'automne au jardin.

Feuilles d'automne

Des nuances sans fin issues des jeux de la nature du sol et des températures.

2 à 3 m	20-30 sur 15-20 cm	soleil à mi-ombre	moyen	très bonne	août et sept.

Tardiva

Classification : *paniculata.*

Origine : inconnue. Envoyé par Chenault avant 1970.

Inflorescence : en grand cône. Les fleurs stériles sont très réparties parmi les fleurs fertiles. Les sépales blancs des fleurs stériles, au nombre de 4, sont arrondis et se chevauchent. Ils restent longtemps épanouis, avant de prendre une teinte rose en automne.

Feuillage : grandes feuilles de forme elliptique, aplaties et larges, d'aspect brillant.

Port : arbuste généreux et large. Bois brun.

Floribondité : très bonne.

Utilisation : dans un grand espace, qui peut être plus exposé que pour les *paniculata* à floraison hâtive.

Intérêt : un arbuste à floraison très tardive, qui anime le jardin quand beaucoup de teintes sont affadies par le soleil d'été.

3 à 4,50 m	35 sur 25 cm	mi-ombre à ombre	moyen	très bonne	août et sept.

Unique

Classification : *paniculata.*

Origine : Robert et Jelena de Belder, Belgique, 1968.

Inflorescence : en cône dense à base large. Les grandes fleurs stériles, à sépales arrondis, de couleur blanc pur, recouvrent en grande partie les fleurs fertiles.

Feuillage : feuilles elliptiques, longues et retombantes. L'aspect est rugueux et la couleur vert clair.

Port : arbuste poussant et large. Le bois est brun.

Floribondité : bonne.

Utilisation : il faut donner beaucoup de place à cet arbuste qui s'étale volontiers.

Intérêt : cette obtention est issue d'une hybridation de 'Floribunda', dont toute la production fut déterrée par des oiseaux, à l'exception d'une seule appelée 'Unique'. Plante très commune dans le commerce, mais souvent confondue avec d'autres variétés.

1,20 à 1,50 m	15-20 sur 10-15 cm	mi-ombre	moyen	bonne	fin juill. à sept.

Vanille Fraise

Classification : *paniculata.*

Origine : Jean Renault, France, 2000.

Inflorescence : en cône arrondi. Nombreuses fleurs stériles à 4 sépales elliptiques arrondis, à bords entiers ou très finement dentés. L'aspect est nervuré. Blanches en début de floraison, elles rosissent progressivement et irrégulièrement en se tachant de rouge.

Feuillage : feuilles de forme elliptique, pointues ou acuminées, à port incurvé. Les bords sont finement dentés et ourlés, les pétioles sont rouges.

Port : buisson souple. Petit bois brun portant les inflorescences comme des grappes.

Floribondité : très bonne.

Utilisation : en massif, isolé ou en pot, en situation lumineuse mais protégée du soleil de l'après-midi.

Intérêt : un cultivar très récent, très intéressant pour la couleur de ses inflorescences.

Webb

Synonyme : 'Web Variety'.

Classification : *paniculata.*

Origine : J. A. Webb, États-Unis, vers 1980.

Inflorescence : en cône dense. La base est large et irrégulière. Les fleurs stériles, blanc pur puis d'un beau rose pourpre, recouvrent totalement les fleurs fertiles.

Feuillage : feuilles elliptiques, à bords légèrement ourlés. L'aspect est pileux et la couleur vert clair. Les feuilles sont attachées 3 par 3 au rameau.

Port : buissonnant, large et aplati. Les longues tiges se courbent sous le poids des inflorescences. Bois brun.

Floribondité : très bonne.

Utilisation : en massif, en lisière ou en haie large et basse, dans un espace dégagé et à l'ombre l'après-midi.

Intérêt : vraisemblablement un sport de 'Grandiflora'. Il s'en distingue par son bois plus fort et la fraîcheur des couleurs de ses fleurs.

1,50 à 2 m	18-25 sur 15-20 cm	mi-ombre	moyen	très bonne	août et sept.

White Lady

Classification : *paniculata.*

Origine : Pieter Zwijnenburg, Pays-Bas, vers 1980.

Inflorescence : en cône pointu. Les fleurs stériles, peu nombreuses, donnent un aspect très léger. Les sépales, au nombre de 4 ou 5, sont ronds, joints à la base. Ils ont la particularité rare d'être dentés et d'avoir des dimensions différentes à l'intérieur de la même fleur.

Feuillage : feuilles ovales-elliptiques, à bords ourlés irrégulièrement, d'aspect brillant et gaufré.

Port : arbuste bien formé et rameux. Bois sombre.

Floribondité : très bonne.

Utilisation : en massif ou isolé, dans un espace protégé de grande dimension.

Intérêt : les très nombreuses inflorescences blanches donnent à cet arbuste une très belle forme vaporeuse.

2 à 2,50 m	20-25 sur 12-18 cm	mi-ombre	moyen	très bonne	déb. août à sept.

White Moth

Classification : *paniculata.*

Origine : sport de 'Unique'. Sélectionné par Robert et Jelena de Belder en Belgique.

Inflorescence : en petit cône arrondi, presque aussi large que long, dont la base est souvent irrégulière. Les fleurs stériles ont 4 ou 5 sépales arrondis se chevauchant. Elles couvrent en grande partie les fleurs fertiles. La couleur blanc pur évolue au vert tendre.

Feuillage : grandes feuilles ovales, pointues, d'aspect rugueux et de couleur vert pâle.

Port : arbuste dégingandé, plus large que haut. Bois fin, souple et sinueux, brun.

Floribondité : moyenne.

Culture : tailler au printemps pour donner à cette variété un volume plus dense et compact.

Utilisation : en sous-bois lumineux ou en arrière de massif de grande largeur.

2 à 2,50 m	25-30 sur 20-25 cm	mi-ombre	moyen	très bonne	fin juill. à août

2 à 3 m	15-20 sur 10 cm	soleil à mi-ombre	moyen	très bonne	juill. et août

Alice

Classification : *quercifolia.*

Origine : Michael Dirr, Géorgie, États-Unis, 1989.

Inflorescence : en longue panicule. Nombreuses fleurs stériles parmi les fleurs fertiles, à 4 sépales se chevauchant, blanches en début de floraison, puis roses et tachetées de rouge en fin de floraison.

Feuillage : feuilles lobées, vert sombre l'été, rouge carmin à l'automne. L'aspect est brillant et gaufré.

Port : arbuste plus vigoureux que beaucoup de *quercifolia*. Bois fort.

Floribondité : bonne.

Utilisation : supporte le soleil plus que la plupart des variétés du type.

Intérêt : le feuillage le plus rouge à l'automne et pendant une partie de l'hiver, car il résiste au gel.

1,50 à 1,80 m	20-25 sur 15-20 cm	soleil à mi-ombre	faible	très bonne	juill. et août

Burgundy

Classification : *quercifolia.*

Origine : Rein et Mark Bulk, Pays-Bas, 1995.

Inflorescence : en grande panicule. Les fleurs stériles, bien réparties, sont à 4 sépales arrondis et légèrement pointus. La couleur blanche passe au rose-rouge en cours de floraison.

Feuillage : grandes feuilles bien lobées et découpées, d'aspect gaufré et brillant, vertes puis brunissant en cours d'été.

Port : arbuste érigé et ouvert. Bois souple.

Floribondité : très bonne.

Utilisation : en massif isolé, qui peut être exposé.

Intérêt : une variété de *quercifolia* très rustique, qui supporte le soleil en été et ne craint pas le froid en hiver.

1,50 m	25-30 sur 20-25 cm	mi-ombre	moyen	très bonne	juill. à oct.

Harmony

Classification : *quercifolia.*

Origine : Mac Daniel, États-Unis, avant 1950.

Inflorescence : grosse et globuleuse, très dense et de forme irrégulière. Fleurs stériles très serrées recouvrant toute l'inflorescence, à 4 sépales arrondis se chevauchant, blanc crème virant au rose.

Feuillage : feuilles lobées, grandes et bien découpées, gaufrées. Elles deviennent brunes à la fin de l'été et ne tombent qu'au milieu de l'hiver.

Port : arbuste étalé et retombant. Les très lourdes inflorescences vont jusqu'à se poser sur le sol.

Floribondité : bonne. Remontant en septembre.

Culture : tuteurer les jeunes brins les premières années pour supporter les inflorescences. On peut aussi tailler pour charpenter la jeune plante.

Intérêt : une forme de fleur vraiment unique.

Quercifolia

Classification : *H. quercifolia.*

Origine : sud-est des États-Unis. Introduit par Bartram en Europe en 1803.

Inflorescence : en panicule de taille moyenne. Fleurs stériles très nombreuses disséminées parmi les fleurs fertiles, à 4 sépales fins, arrondis, se chevauchant, blanc crème virant au rose à la fin de la floraison.

Feuillage : feuilles lobées, bien découpées, rappelant les feuilles du chêne rouge d'Amérique. Vertes, elles prennent des teintes brunes et rouges à l'automne.

Port : arbuste buissonnant et légèrement retombant.

Floribondité : bonne.

Culture : supporte un sol acide ou alcalin. Ne pas planter en sol trop sec ou mal drainé.

Utilisation : parfaitement à sa place en espace arboré, où ses longues couleurs d'automne éclaireront un sous-étage. Il est aussi remarquable en massif isolé.

1,30 à 1,80 m	15-20 sur 10-15 cm	soleil à mi-ombre	moyen	très bonne	fin juin à sept.-oct.

Sike's Dwarf

Classification : *quercifolia.*

Origine : Sikes, Louisiane, États-Unis, avant 1990.

Inflorescence : en petite panicule arrondie. Nombreuses fleurs fertiles formant un coussin dense. Les fleurs stériles, éparses, ont des sépales ronds et entiers, blanc crème, se chevauchant.

Feuillage : feuilles lobées, petites et à long pétiole, d'aspect mat et gaufré. La couleur vert soutenu passe au rouge-brun en fin d'été.

Port : arbuste petit et buissonnant. Le bois fort porte bien les inflorescences.

Floribondité : bonne.

Utilisation : en bordure de massif ou d'allée.

Intérêt : un petit *quercifolia* nain, proche du type, mais plus florifère et avec un beau feuillage automnal.

1 à 1,30 m	10-15 sur 8-12 cm	mi-ombre	moyen	très bonne	déb. juill. à août

Snow Drift

Classification : *quercifolia.*

Origine : Rein et Mark Bulk, Pays-Bas, 2002.

Inflorescence : en panicule très arrondie. Les fleurs stériles serrées, recouvrant la totalité de la surface, lui donnent un aspect compact. La couleur est blanc crème, puis rose pâle en fin de floraison.

Feuillage : feuilles ovales, plates, faiblement lobées, gaufrées, de couleur vert clair brunissant en fin d'été.

Port : petit arbuste souple et retombant. Bois fin.

Floribondité : très bonne.

Culture : tailler les premières années pour charpenter la plante.

Intérêt : une inflorescence dense comme celle de 'Harmony', mais de taille plus petite et ronde, et donc plus légère à tous égards.

1 à 1,30 m	20-25 sur 15-20 cm	mi-ombre	moyen	très bonne	juill. et août

1,50 à 2 m	20-30 sur 15-25 cm	mi-ombre	moyen	très bonne	août à sept.-oct.

Snow Flake

Classification : *quercifolia.*

Origine : Aldridge, Alabama, États-Unis, 1969.

Inflorescence : en panicule. Nombreuses fleurs stériles à sépales multiples, elliptiques, blanc-vert puis blanc et vieux rose ensuite. À la fin de l'été, de jeunes sépales blancs continuent à apparaître au milieu des roses. Les fleurs fertiles restent vertes plus longtemps.

Feuillage : feuilles lobées, larges et découpées, d'aspect gaufré. La couleur vire rapidement au brun.

Port : arbuste buissonnant, large et retombant. Les lourdes inflorescences peuvent se poser sur le sol, mais pas autant que celles de 'Harmony'.

Floribondité : très bonne.

Culture : tuteurer les jeunes brins.

Intérêt : l'intérêt de ce très beau buisson est renouvelé par ses fleurs remontantes d'automne et son feuillage vieux rouge jusqu'en hiver.

1,80 m	25-30 sur 10-15 cm	mi-ombre	moyen	très bonne	juill. à sept.

Snow Queen

Classification : *quercifolia.*

Origine : W. Flemer, États-Unis, 1989.

Inflorescence : en panicule de taille plus grande que le *quercifolia* type. Les nombreuses fleurs stériles blanc crème recouvrent les fleurs fertiles et donnent un aspect généreux et bien formé au cône. Elles ont 4 sépales arrondis et se chevauchant, prenant une couleur rose unie dès août.

Feuillage : feuilles ayant 5 à 7 lobes profonds, bien découpées, rugueuses et très gaufrées. La couleur, verte, brunit en fin d'été. Le bois est rigide.

Port : arbuste vigoureux, à inflorescences dressées.

Floribondité : très bonne.

Utilisation : éviter une exposition trop ensoleillée, qui ferait faner les fleurs précocement.

Intérêt : certainement le *quercifolia* le plus poussant, aux superbes inflorescences dressées sur leurs tiges.

1,50 à 1,80 m	20-25 sur 15-20 cm	mi-ombre	moyen	très bonne	juill. à sept.

Tennessee

Synonyme : 'Tennessee Clone'.

Classification : *quercifolia.*

Origine : Jelena de Belder, Belgique, 1974. À partir de graines récoltées aux États-Unis.

Inflorescence : en panicule. Nombreuses fleurs stériles, dont les sépales, par 4, rarement par 5, sont de forme entière, à bords ondulés. La couleur est blanche, devenant vert pâle en fin de floraison.

Feuillage : feuilles à lobes profonds et incurvés, vert clair, brunissant en fin d'été. L'aspect est gaufré.

Port : arbuste érigé et souple.

Floribondité : bonne.

Culture : tailler les premières années pour charpenter la plante qui a tendance à s'étaler.

Intérêt : une inflorescence forte et gracieuse l'été, et un feuillage rouge lumineux jusqu'au cœur de l'hiver.

5 à 8 m	10 cm	mi-ombre à ombre	moyen	très bonne	mai et juin

Decumaria barbara

Origine : sud des Appalaches, États-Unis.

Inflorescence : corymbe blanc composé uniquement de fleurs stériles.

Feuillage : feuilles de forme elliptique, coriaces et brillantes. La couleur est verte et rosit en fin d'été. Le feuillage est semi-persistant.

Port : grimpant. La plante peut dépasser 5 m de haut.

Floribondité : moyenne.

Utilisation : sur un support ombré, mais très lumineux – la floribondité étant favorisée par une bonne luminosité.

Intérêt : cette espèce, de la famille des hydrangéacées, met du temps à s'installer, ensuite elle croît de 1 à 2 m par an.

8 m	20 à 25 cm	mi-ombre	moyen	bonne	fin mai à juin

Petiolaris

Classification : *H. anomala* ssp. *petiolaris.*

Origine : Japon.

Inflorescence : grande et plate. Nombreuses fleurs fertiles au centre, avec beaucoup de longues étamines blanches. Une dizaine de petites fleurs stériles blanches en pourtour, à 4 sépales ronds, se chevauchant.

Feuillage : petites feuilles ovales arrondies, dentées et brillantes, vert sombre virant au jaune d'or en automne.

Port : arbuste grimpant à de nombreux supports (murs, piliers, arbres) grâce à ses racines adventives. Bois noueux et dur, voire cassant, brun-rouge.

Floribondité : très bonne.

Utilisation : sur une façade nord-ouest ou est, avec une bonne luminosité, nécessaire pour la floraison.

Intérêt : un hortensia grimpant, rustique et très répandu. La floraison, parfumée et généreuse, anime son support avant l'été.

5 à 8 m	10 à 20 cm	mi-ombre à ombre	abondant	très bonne	mai à août-sept.

Pileostegia viburnoides

Origine : Inde. Introduit par E. H. Wilson en 1908.

Inflorescence : en corymbe plat composé uniquement de fleurs fertiles blanches.

Feuillage : feuilles persistantes, épaisses, de forme elliptique, longues et étroites, en cuiller et à bout pointu. La surface est ondulée, la couleur vert sombre.

Port : grimpant.

Floribondité : bonne.

Utilisation : sur tous supports (murs, arbres), à l'ombre ou avec quelques heures de soleil du matin, dans un sol frais et bien drainé.

Intérêt : une variété grimpante, très rustique et à feuillage persistant, très décorative même s'il y a des années où la floraison n'est pas généreuse.

Schizophragma hydrangeoides

Origine : Japon. Décrit par Philipp Franz von Siebold.

Inflorescence : en corymbe plat. Les fleurs fertiles sont accompagnées de bractées retombantes, ovales et pointues, à bords entiers, de couleur blanche.

Feuillage : feuilles ovales, arrondies, fortement dentées, à port souple et retombant, plates et mates, vert pâle teinté de rouge. Les pétioles sont rouges.

Port : arbuste grimpant ou rampant.

Floribondité : très bonne après 2 ans d'installation.

Culture : planter près d'un support et y fixer les brins.

Utilisation : le long d'un support, en situation lumineuse. La partie aérienne de la plante endure le froid et le soleil, mais le sol devra être frais et drainé.

Intérêt : parent de *H. anomala* ssp. *petiolaris*, elle fleurit en début d'été.

5 à 8 m	10 à 15 cm	mi-ombre	moyen	bonne	juill.

Schizophragma hydrangeoides 'Roseum'

Origine : Japon.

Inflorescence : en corymbe plat. Fleurs fertiles accompagnées de bractées retombantes, ovales et pointues, à bords entiers et de couleur rose.

Feuillage : feuilles ovales, arrondies, très dentées, à port souple et retombant, plates et mates. La couleur est vert pâle teinté de rouge et les pétioles sont rouges.

Port : arbuste grimpant ou rampant.

Floribondité : très bonne après 2 ans d'installation.

Culture : planter près d'un support et y fixer les brins. Les jeunes pousses s'agripperont ensuite d'elles-mêmes.

Utilisation : le long d'un support, en situation lumineuse. La partie aérienne de la plante endure le froid et le soleil, mais le sol devra être frais et drainé.

Intérêt : une variante rose de *S. hydrangeoides*.

5 à 8 m	10 à 15 cm	mi-ombre	moyen	bonne	juill.

Seemannii

Classification : *H. seemannii*.

Origine : Mexique. Introduit en Europe en 1924.

Inflorescence : en boule. Fleurs fertiles blanches et quelques fleurs stériles à 4 sépales arrondis, à bords entiers ou légèrement dentés et ourlés. Les fleurs émergent de gros boutons qui s'ouvrent lentement.

Feuillage : feuilles persistantes, elliptiques, allongées, étroites et pointues, coriaces et brillantes, vert sombre.

Port : grimpant et rampant.

Floribondité : très bonne, mais irrégulière.

Culture : planter près d'un support et y fixer les brins de l'année. Les racines adventives prendront le relais.

Utilisation : sur une façade ouest ou est, à l'abri des vents froids.

Intérêt : un feuillage persistant et brillant magnifique toute l'année et une floraison qui illumine le support au printemps.

5 à 8 m	8 à 12 cm	mi-ombre	moyen	bonne	fin juin à juill.

1 m	15 à 20 cm	mi-ombre à ombre	moyen	bonne	sept. à nov.

Cardiandra formosana

Origine : Japon.

Inflorescence : en corymbe plat. Fleurs fertiles bleues ou roses en fonction du sol. Elles sont accompagnées de fines bractées doubles, ovales, bleu très pâle.

Feuillage : feuilles longues, étroites et pointues, à bords fortement dentés. L'aspect est rugueux et pileux. La couleur est vert sombre.

Port : vivace à longs brins frêles et souples.

Floribondité : très bonne.

Utilisation : pour un parterre ou un massif ombragé et lumineux. La lumière tamisée d'un sous-bois est idéale. Le sol doit être frais et bien drainé.

Intérêt : c'est « l'hortensia vivace », dont le mouvement des bractées dans le vent d'automne donne l'impression de papillons en vol.

1,60 à 1,80 m	5 à 10 cm	soleil à mi-ombre	moyen	très bonne	fin juin à août

Hirta

Classification : *H. hirta.*

Origine : Honshu, Okinawa et îles Ryukyu, Japon.

Inflorescence : petite et plate, composée exclusivement de fleurs fertiles. La couleur est blanche.

Feuillage : feuilles de forme ovale, profondément dentées. L'aspect est gaufré et brillant, la couleur vert clair.

Port : buisson très fourni, en coupe ouverte et plat. Le bois est fin et grêle.

Floribondité : très bonne.

Utilisation : en massif ou en haie, dans un grand espace bien éclairé.

Intérêt : cette espèce originaire d'Asie est très proche des *arborescens* originaires de la côte sud-est des États-Unis. C'est « l'hortensia à feuilles d'ortie ».

0,60 à 0,80 m	4 à 6 cm	mi-ombre	moyen	très bonne	juill. et août

Involucrata

Classification : *H. involucrata.*

Origine : Formose. Introduit en Europe par Philipp Franz von Siebold.

Inflorescence : petite et arrondie. Les fleurs fertiles à longues étamines lilas sont entourées de 4 ou 5 fleurs stériles, à 4 sépales arrondis, à bords entiers et gaufrés, se chevauchant. Les fleurs émergent de gros boutons.

Feuillage : feuilles ovales, allongées et pointues, à bords finement dentés. L'aspect est rugueux et mat. La couleur vert sombre peut brunir au soleil.

Port : petit buisson rond bien formé.

Floribondité : bonne.

Utilisation : en pot, en jardinière ou en devant de massif. Supporte les situations peu irriguées et le soleil une partie de la journée.

Intérêt : une superbe et curieuse petite plante. L'ouverture des boutons est un spectacle.

Kawakami

Classification : *aspera.*

Origine : Taïwan. Découvert au XIXe siècle.

Inflorescence : plate, bombée. Fleurs fertiles au centre violet foncé. Fleurs stériles en pourtour à 4 sépales ronds, entiers et ourlés, se chevauchant, de couleur blanc pur.

Feuillage : feuilles de forme elliptique, arrondies et pointues. Les bords sont finement dentés. L'aspect est velu et rugueux, la couleur vert tendre.

Port : arbuste dressé et large.

Floribondité : très bonne.

Utilisation : en fond de massif, derrière des *involucrata* par exemple, dans un espace lumineux et pas trop humide.

Intérêt : une floraison de la fin d'été, à insérer dans la collection des *aspera* qui illuminent le jardin tour à tour de juillet à octobre.

1,80 à 2 m	12 à 18 cm	soleil à mi-ombre	moyen	très bonne	déb. sept. à oct.

Kirengeshoma palmata

Origine : Japon et Corée.

Inflorescence : en forme de campanule jaune.

Feuillage : grandes feuilles lobées, finement dentées. La surface est plate et l'aspect nervuré.

Port : plante vivace, dont les brins fins sont dressés, puis ploient sous le poids des inflorescences.

Floribondité : bonne.

Utilisation : en parterre ou en massif, en situation ombrée et lumineuse ou en sous-bois, dans un sol humide mais bien drainé.

Intérêt : de la famille des hydrangéacées, *Kirengeshoma palmata* est communément appelé « l'hortensia à fleurs jaunes ».

0,80 à 1 m	8 à 12 cm	mi-ombre à ombre	moyen	bonne	fin août à fin sept.

Macrophylla

Classification : *aspera.*

Origine : Chine.

Inflorescence : en dôme aplati. Fleurs fertiles au centre mauve violacé. Fleurs stériles à 4 ou 5 sépales ronds, à bords entiers et se chevauchant, blanches.

Feuillage : grandes feuilles (20 à 30 cm de long), ovales et pointues. Les bords sont finement dentés et réguliers. L'aspect est duveteux, le port retombant et la couleur vert tendre nervuré de rose.

Port : grand arbuste majestueux, dressé et large. Bois rouge, long et droit.

Floribondité : bonne.

Utilisation : isolé ou en massif, en sous-bois ou le long d'un mur exposé au nord.

Intérêt : un grand arbuste très majestueux et vif en juillet. Il est aussi captivant pour son feuillage que pour ses grandes inflorescences.

2 à 3 m	20 à 25 cm	mi-ombre à ombre	moyen	très bonne	juill.

Des fleurs comme un envol de papillons...

L'hortensia se laisse volontiers découvrir de très près. Étonnantes fleurs rondes, pointues, en étoile, épaisses, tremblantes, dentelées, simples, doubles ou pleines. Chacune a sa place, dans un massif du jardin comme dans un bouquet.

Page de gauche, de haut en bas

Domotoi

Floraison spectaculaire de fleurs doubles qui s'ouvrent comme par magie, les unes après les autres !
▷ Voir p. 41

Snow Flake

Fleurs à sépales multiples éclosant blanc-vert. Délicatesse des tons pastel.
▷ Voir p. 144

Annabelle

Très petites fleurs blanc crème à sépales arrondis. Une vision aussi douce que mille ailes de papillons…
▷ Voir p. 34

Page de droite, de haut en bas et de gauche à droite

James Grant

Fleurs blanches à grands sépales ovales et dentés, nuancés de rose, frêles et légers au vent.
▷ Voir p. 96

Yoraku Tama

Fleurs à plusieurs rangs de sépales, petits et entiers. La beauté d'une étoile lumineuse…
▷ Voir p. 154

Snow Giant

Un hortensia proche de 'Snow Flake'. Une opulente grappe de petites fleurs à sépales multiples.

Hanabi

Fleurs doubles blanches, parfois rosées. Une disposition de pétales à l'ouverture généreuse.
▷ Voir p. 92

1,6 à 2 m	10 à 18 cm	soleil à mi-ombre	moyen	très bonne	juill.

Mauvette

Classification : *aspera.*

Origine : Angleterre. Variété ancienne.

Inflorescence : en dôme aplati. Fleurs fertiles mauves au centre, entourées de fleurs stériles mauve pâle à 4 sépales arrondis, dentés, se chevauchant. Les fleurs fanent et restent longtemps vieux rose orangé.

Feuillage : feuilles elliptiques, pointues, finement dentées. L'aspect est velouté et la couleur vert tendre.

Port : arbuste dressé, à sommet large et plat.

Floribondité : très bonne.

Utilisation : en massif, dans un grand espace, pour prof ter de la couleur d'ensemble, en avant d'un feuillage plus haut ou devant un mur. Supporte un sol neutre comme les autres *aspera.*

Intérêt : a finesse des lignes et l'harmonie des tons, pour une floraison de juillet.

2,50 m	20 à 25 cm	soleil à mi-ombre	faible	très bonne	juin et juill.

Nepal Beauty

Classification : *heteromalla.*

Origine : Népal.

Inflorescence : en grand corymbe plat. Fleurs stériles en pourtour à 4 ou 5 sépales ovales blancs.

Feuillage : feuilles elliptiques et pointues, longues, incurvées et retombantes, finement dentées. L'aspect est velu. La couleur bordeaux à l'éclosion vire au vert sombre marginé de rouge. Les pétioles sont rouges.

Port : arbuste érigé, à grand développement.

Floribondité : bonne.

Utilisation : dans un grand espace sauvage, à l'orée d'un bois ou dans un parc.

Intérêt : les *heteromalla*, plantes d'altitude à l'origine, fleurissent très rapidement au printemps. Ce sont les premiers hydrangeas à fleurir en mai et juin. 'Nepal Beauty' est un *heteromalla* tardif généreux, aux teintes de bois et feuillage rouges superbes.

1,20 à 1,50 m	10 à 15 cm	soleil à mi-ombre	moyen	très bonne	fin juill. à août

Sam Mac Donald

Classification : *aspera.*

Origine : Peter Chappel, Spinners Nursery, Grande-Bretagne, vers 1990.

Inflorescence : en dôme. Fleurs fertiles mauve soutenu. Fleurs stériles en pourtour à 4 sépales de forme ronde, dentés et se chevauchant, mauve pâle ou roses.

Feuillage : feuilles lancéolées, fines et très longues, rugueuses. Les bords sont finement dentés. La couleur est vert sombre.

Port : buisson ouvert et large. Bois fin et noueux.

Floribondité : très bonne.

Utilisation : en avant de massif ou isolé, en situation lumineuse et bien drainée.

Intérêt : un hortensia à feuilles de velours très florifère et au port buissonnant. Parfait pour intégrer à un massif de variétés au port plus dressé.

Sargentiana

Classification : *aspera.*

Origine : Chine.

Inflorescence : en très grand dôme aplati. Fleurs fertiles mauves. Fleurs stériles blanches à 4 sépales arrondis, faiblement dentés, se chevauchant. En fin de floraison, elles restent suspendues à leurs pédicelles et prennent une teinte crème translucide jusqu'en hiver.

Feuillage : grandes feuilles ovales, larges et pointues, fortement et irrégulièrement dentelées, d'aspect velu, comme les pétioles et les brins.

Port : arbuste très érigé. Brins longs et très droits.

Floribondité : bonne.

Utilisation : en sous-bois éclairé, le long d'un mur ou en arrière de massif, dans un sol frais et drainé.

Intérêt : une plante que sa forte pilosité rend très mystérieuse. Ses superbes fleurs et son feuillage étonnant éclaireront un grand espace ombragé.

2,50 à 4 m	20 à 25 cm	mi-cmbre à ombre	moyen	très bonne	mi-juill. à août

Scandens

Classification : *H. scandens* ssp. *chinensis* f. *angustipetala.*

Origine : sud-est de la Chine et de Taïwan.

Inflorescence : plate. Les fleurs fertiles au centre ont des pétales allongés (d'où le nom de la plante). Les fleurs stériles en pourtour sont à 4 sépales entiers ou irréguliers. La couleur est blanche.

Feuillage : feuilles étroites et longues, finement dentées.

Port : buisson de forme variable selon les conditions et la luminosité. Il peut s'étaler ou prendre de la hauteur.

Floribondité : moyenne.

Utilisation : en situation très protégée et à l'ombre, en sous-bois par exemple.

Intérêt : une variété difficile à cultiver et à développer mais qui a sa place dans une collection.

0,80 à 1,50 m	5 à 10 cm	ombre	abondant	moyenne	juill.

Sterilis

Synonyme : 'Temari Tama'.

Classification : *involucrata.*

Origine : Japon.

Inflorescence : en boule compacte. Les fleurs émergent de gros boutons qui s'ouvrent lentement. Les très nombreuses petites fleurs stériles, à sépales torsadés et dentelés, sont rose très pâle ou blanc crème, devenant vertes ou vieux rose en fonction de l'exposition.

Feuillage : feuilles ovales, allongées, finement dentées et pointues, d'aspect rugueux et nervuré.

Port : petit coussin, facilement retombant quand il est trop arrosé.

Floribondité : bonne.

Utilisation : en pot, en jardinière ou en avant de massif. Supporte des conditions très diverses, un sol neutre et ne souffre pas du soleil et de la faible irrigation du sol.

Intérêt : le plus curieux des hortensias blancs.

0,30 à 0,50 m	10 à 15 cm	soleil à mi-ombre	moyen	très bonne	juill. et août

2 à 2,50 m	10 à 15 cm	soleil à mi-ombre	moyen	très bonne	fin août à sept.

Villosa

Classification : *aspera.*

Origine : Chine.

Inflorescence : en dôme aplati. Fleurs fertiles pourpres au centre et fleurs stériles rose pâle en pourtour, à 4 sépales ronds, finement dentés et se chevauchant.

Feuillage : feuilles lancéolées, pointues et étroites, finement dentées, d'aspect velouté, vert sombre.

Port : buisson arbustif et large. Bois souple et fin.

Floribondité : très bonne.

Utilisation : en massif, derrière d'autres plantes plus petites ou en avant d'un feuillage ou d'un arrière-plan qui soulignera sa présence, en situation bien drainée et lumineuse.

Intérêt : une floraison éclatante des derniers jours d'août.

1 m	5 à 10 cm	mi-ombre à ombre	faible	très bonne	août et sept.

Viridescens

Synonymes : 'Green Tama', 'Midoritama'.

Classification : *involucrata.*

Origine : île de Yakushima, Japon.

Inflorescence : plate, bombée. Fleurs fertiles mauves au centre, entourées de 8 fleurs stériles vertes à 4 sépales ronds. Les fleurs émergent de gros boutons de 2 à 3 cm de diamètre, dont l'ouverture, lente, se fait en plusieurs étapes.

Feuillage : grandes feuilles de forme ovale-elliptique, pointues et dentées. L'aspect est rugueux et feutré.

Port : buisson généreux et aplati.

Floribondité : très bonne.

Utilisation : isolé, en sous-bois ou dans un espace protégé.

Intérêt : une variété à admirer au moment de l'ouverture des fleurs. C'est le seul *involucrata* (à involucres) à avoir des fleurs vertes.

1,20 m	20 à 25 cm	soleil à mi-ombre	faible	très bonne	août à nov.

Yoraku Tama

Synonyme : 'Tokado Tama'.

Classification : *involucrata.*

Origine : Sugimoto, Japon.

Inflorescence : plate. Nombreuses fleurs stériles à plusieurs rangs de sépales, petits et allongés, entiers, allant du blanc crème au rose pâle. Les fleurs émergent de gros boutons et s'ouvrent d'abord par le pourtour.

Feuillage : feuilles ovales et pointues. L'aspect est rugueux et mat, la couleur vert tendre.

Port : buisson très large et aplati.

Floribondité : très bonne.

Culture : tailler les premières années au printemps pour charpenter. Pincer les bourgeons en fin de printemps peut retarder la floraison à l'automne.

Utilisation : protégé des gelées de printemps.

Intérêt : une très belle plante rustique, qui ne craint pas les grosses chaleurs d'été.